LOS MAESTROS DEL ARTE

GIOTTO Y EL ARTE DE LA EDAD MEDIA

Los talleres, las ténicas, los lugares y las historias

TEXTO
LUCIA CORRAIN

✦

ILUSTRACIONES
SERGIO
Con la colaboración de
ANDREA RICCIARDI

DoGi

una producción
Donati Giudici Associati, Firenze
título original
Giotto e l'arte nel Medioevo
texto
Lucia Corraix
ilustraciones
Sergio
Andrea Ricciardi
coordinación de las coediciones
y la investigación iconográfica
Caroline Godard
proyecto gráfico
Oliviero Ciriaci
compaginación
Sebastiano Ranchetti
redacción
Enza Fontana

© 1996 Donati Giudici Associati s.r.l.
Firenze, Italia
Derechos en lengua castellana
© 1996 Ediciones Serres, S.L.
Primera edición en lengua castellana:
Ediciones Serres, S.L.
Muntaner, 391 / 08021 Barcelona

ISBN: 84-88061-53-6

traducción:
Maria Antonia Menini

fotocomposición:
Editor Service, S.L.

acabado de imprimir
en el mes de octubre 1996
en las instalaciones *Amilcare Pizzi,*
Cinisello Balsano (Milano)

♦ Cómo leer este libro

Cada página doble constituye un capítulo independiente dedicado a un tema concreto, relativo a la vida y al arte de Giotto o a los grandes acontecimientos del arte y de la cultura de su tiempo. El texto de la parte superior izquierda (1) y la gran ilustración central de refieren al tema principal. El texto en cursiva (2) narra la vida de Giotto en orden cronológico. Los restantes elementos de la página –fotografías, reproducciones de dibujos y de otras obras de arte– completan el desarrollo del tema.

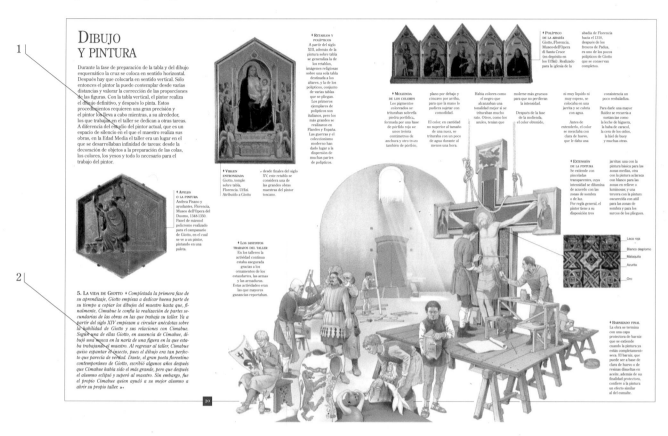

Algunas páginas están dedicadas a la presentación de las principales obras de Giotto. Concretamente, el volumen presenta, de forma íntegra o en sus episodios más significativos, los grandes ciclos pictóricos del maestro toscano: la historia de san Francisco de Asís y las historias de Joaquín y Ana, de María y de Jesús.

Los episodiso de los ciclos están ordenados de forma sucesiva, para que se puedan leer según los objetivos iniciales del artista y de sus comitentes: como si fueran grandes cuentos ilustrados. La doble página de abajo presenta los primeros episodios de la vida de san Francisco

Las historias de san Francisco

ÍNDICE

LOS PROTAGONISTAS

Entre los siglos XIII y XIV, Europa alcanza un desarrollo sin precedentes: la población aumenta considerablemente, las actividades comerciales y económicas están en auge, las ciudades crecen y se enriquecen con nuevos edificios de carácter religioso y civil. Y es precisamente en este período cuando, en el centro de Italia, actúan algunos maestros que renuevan el lenguaje artístico occidental. Entre ellos destaca la genial personalidad de Giotto di Bondone. Alumno de Cimabue y compañero de trabajo de los principales pintores y escultores de su época, como Arnolfo di Cambio, Duccio di Boninsegna, Pietro Cavallini y Simone Martini, Giotto trabaja por encargo de papas y reyes y, sobre todo, de las nuevas órdenes religiosas que nacen y se desarrollan en el siglo XIII, los franciscanos y los dominicos.

Después de varios siglos de pintura bizantina, los personajes pintados por Giotto son hombres y mujeres de verdad, y los escenarios son los de cada día.

NICOLÁS IV ✦
Primer franciscano elegido papa (1288-1292), a su iniciativa se deben importantes ciclos de frescos.

BONIFACIO VIII ✦
(*c*. 1235-1303)
Elegido papa en 1294, encarga a Giotto importantes obras.

✦ CIMABUE
(Cenni di Pepo, llamado)
Nacido hacia 1240 y muerto después de 1302, es el principal pintor de la generación anterior a la de Giotto, de quien fue maestro.

DANTE ✦
(1265-1321)
Florentino y contemporáneo de Giotto, está considerado el más grande de los poetas italianos y el padre de la lengua italiana. Su obra principal es la *Divina Comedia*.

ARNOLFO DI CAMBIO ✦
Principal arquitecto y escultor de su tiempo, nació en Colle Val d'Elsa en 1245 y murió en Florencia en 1302.

MASO DI BANCO ✦
Florentino, nacido en el último cuarto del siglo XIII, es alumno de Giotto, de quien se considera uno de los continuadores más significativos.

GIOTTO ✦
Nacido en Colle di Vespignano hacia 1267 y muerto en Florencia en 1337, es el renovador de la pintura de su tiempo, que orienta hacia unas representaciones más realistas no sólo de la figura humana sino también de los ambientes físicos y arquitectónicos.

TADDEO GADDI ✦
Trabaja en el taller de Giotto durante veinticuatro años (1313-1337). A la muerte del maestro se convierte en uno de los más renombrados pintores florentinos.

BERNARDO DADDI ✦
Alumno de Giotto, nacido en Florencia a finales del siglo XIII y muerto en 1348.

TRABAJADOR ✦
Se le contrata para que desempeñe las más variadas tareas en el taller del maestro.

♦ **ROBERTO DE ANJOU**
(*c*. 1275-1343)
Rey de Nápoles,
comitente
de Giotto.

DOMINICOS ♦
Orden religiosa de
predicadores fundada
por santo Domingo de
Guzmán en 1215.
Visten túnica y
escapulario blancos
con manto negro.

♦ **FRANCISCANOS**
Es la orden fundada por san
Francisco de Asís en 1209.
Siguen una austera regla
de pobreza y viven
exclusivamente
de las limosnas.

♦ **DUCCIO DI
BONINSEGNA**
Nacido en Siena
hacia el 1260 y
muerto en 1318-19,
es el iniciador
de la pintura
sienesa.

♦ **SIMONE MARTINI**
Desarrolla su actividad
entre Siena, su ciudad
natal (*c*. 1284) y Aviñón,
en Francia, donde muere
en 1344.

PIETRO CAVALLINI ♦
Importante pintor
romano, nacido hacia
el 1250 y muerto casi
centenario. Está
considerado uno
de los maestros
de Giotto.

♦ **GIOVANNI PISANO**
Nacido en Pisa hacia el
1248 y muerto en Siena
después de 1314,
es uno de los máximos
representantes
de la escultura
gótica italiana.

♦ **DISCÍPULO**
Para aprender
el oficio de pintor,
solicitaba ser admitido
en el taller sin percibir
ninguna retribución.
El aprendizaje
podía durar hasta
trece años.

♦ **CARPINTERO
DE OBRA**
Se encarga de construir
las máquinas para
la colocación de
los materiales de
construcción en lo
alto de la obra.

♦ **CANTERO
Y ALBAÑIL**
Trabajan en la obra.
El primero pica y
corta las piedras
y el segundo las
coloca y extiende
la cal.

♦ EL IMPERIO
BIZANTINO
El Imperio bizantino,
o Imperio romano de
Oriente, se desarrolla
a lo largo de toda la
Edad Media con una
extensión territorial
más o menos amplia
según los distintos
períodos, hasta
la conquista
de su capital
Constantinopla por
parte de los turcos en
1453. Las fechas más
importantes de su
historia son 330, año
en el que la capital de
Imperio romano se
traslada de Roma a
Constantinopla, y
476, cuando, con la
caída de Roma, sólo
sobrevive el imperio
de Oriente. Con
Justiniano (527-565)
el imperio bizantino
alcanza su máxima
expansión.
Una ciudad del
centro-norte de Italia,
Ravena, es elegida
sede del poder
bizantino en Italia.
En poco tiempo, esta
ciudad se convierte
en el centro cultural
más avanzado de la
península italiana.
Desde Ravena, la
cultura bizantina,
contaminada a
menudo por las
civilizaciones
bárbaras, se
transmite a Roma y al
norte de Italia. En el
arte la tradición
bizantina se prolonga
mucho tiempo,
hasta el siglo XII.

LA PINTURA SACRA EN LA EDAD MEDIA

A lo largo de los siglos, los artistas occidentales han
representado toda suerte de temas: episodios históricos o
mitológicos, escenas de la vida diaria, retratos de personas
y naturalezas muertas o animales, pero se han dedicado
sobre todo a los temas religiosos. Los primeros ejemplos
son las pinturas murales de las catacumbas que se
conservan tanto en Roma como en el norte de África.
A partir de 313, año de la proclamación de la libertad
de culto cristiano por parte del emperador romano
Constantino, los temas del Antiguo Testamento, el
Evangelio y la vida de los santos y los mártires
caracterizaron durante más de un milenio el arte europeo.
Al principio, los primitivos cristianos temían que las
imágenes, colocadas en lugares sagrados, pudieran evocar
los antiguos ídolos paganos. Sin embargo, a partir del siglo
VI, el papa Gregorio I Magno promovió la difusión de las
pinturas de tema sagrado para estimular el sentimiento
religioso de quienes no sabían leer ni escribir. Entre los
siglos VI y XII el arte religioso adoptó las formas y las
características culturales del llamado estilo bizantino, es
decir, de Bizancio, antigua denominación de la ciudad de
Constantinopla, capital del Imperio romano de Oriente.

♦ PINTURA DE
LAS CATACUMBAS
*María con el
Niño Jesús*,
fragmento de
fresco, Roma,
Catacumba de
Priscila, siglo III.

♦ LA BASÍLICA
CRISTIANA
Está formada por una
amplia sala central con
dos largas naves
laterales más bajas y
estrechas, separadas de
la nave central por dos
hileras de columnas.
Al fondo de la nave
hay un semicírculo
llamado ábside.

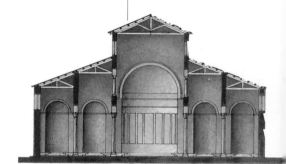

♦ LOS TEMPLOS
Con la expansión de la
religión cristiana, se
inicia una nueva era
en la historia de la
arquitectura religiosa.
En efecto, el propósito
de los templos antiguos
era albergar la estatua
del dios al que estaban
dedicados y sus
dimensiones solían ser
más bien reducidas.
Las ceremonias
religiosas solían
celebrarse en el
exterior.

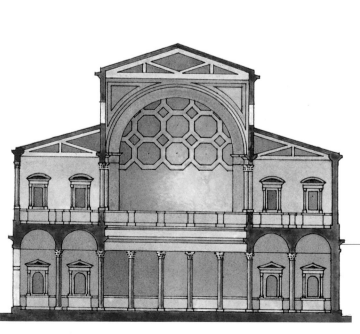

♦ LA BASÍLICA ROMANA
Las nuevas iglesias
cristianas se
construyen siguiendo
el esquema de las
grandes salas
romanas llamadas
basílicas (es decir,
salas reales), que
se utilizaban en la
antigua Roma como
salas de justicia,
mercados cerrados
y lugares de reunión
en general.

✦ **CRUCIFIXIÓN**
Roma, Santa María la Antigua, capilla de los santos Quirico y Julita, 714-752. Se trata de uno de los pocos ejemplos en los que Jesucristo en la cruz se representa todavía vivo, vestido con la típica túnica sacerdotal para explicar a los fieles la misión de los hombres de fe.

✦ **CAMINO DE BELÉN**
Castelseprio, Santa María Foris Portas. Es un ciclo realizado por un artista de gran talento cuyo nombre y procedencia se ignoran. Lo mismo cabe decir de la época de ejecución, que oscila entre los siglos VI y VIII.

✦ **SAN APOLINAR EN CLASSE**
El edificio que mejor representa las primeras basílicas cristianas, a pesar de las transformaciones sufridas a lo largo de los siglos, es el de San Apolinar en Classe de Ravena. Al lado, detalle del mosaico del ábside, siglo VI.

✦ **CARACTERÍSTICAS DEL ARTE BIZANTINO**
En los mosaicos bizantinos, las figuras experimentan un cambio con respecto a las de las anteriores obras del período clásico.
La transformación más significativa consiste en la renuncia a la imitación de la realidad. Las escenas se desarrollan en un espacio sin profundidad, sin una fuente de luz específica y con figuras planas y no modeladas, sin peso ni sombra, aisladas y estáticas.
El mosaico, laboriosamente realizado con teselas de piedra y vidrios de colores, cubre el muro y de él emanan unas cálidas e intensas tonalidades. Arriba, *Teodora y su corte*, mosaico. San Vital, mediados del siglo VI.

PROGRAMA DE ✦ LA ORNAMENTACIÓN
Monreale, catedral, ábside, *c.* 1190.
El programa iconográfico de la ornamentación de las iglesias obedecía a una jerarquía muy definida, en la cual el Pantocrátor (Cristo omnipotente en actitud de bendecir) se sitúa en la parte superior del ábside, la Virgen ocupa la inferior y, en las de más abajo, figuran los profetas, los apóstoles, los mártires y los santos.

BASÍLICAS Y CATEDRALES

Después del año Mil, en medio de un continuo fermento de novedades, se asiste en las ciudades y las aldeas de Europa a una multiplicación de nuevos edificios religiosos. A los progresos económicos corresponde, en el campo artístico, la consolidación y sucesión de nuevos estilos: en poco más de doscientos años, el Occidente cristiano asiste primero al desarrollo del estilo románico y después al del gótico. Por iniciativa de las nuevas órdenes religiosas, se construyen basílicas en las afueras o en el interior de las ciudades, mientras que las comunidades urbanas se lanzan a la construcción de las grandes catedrales. Las obras de la época son centros de experimentación no sólo tecnológica, arquitectónica y de ingeniería, sino también escultórica y pictórica, pues ofrecen un espacio a los artistas llamados a decorar el edificio con sus pinturas y esculturas.

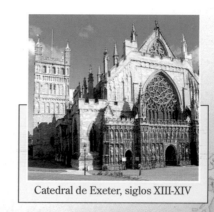
Catedral de Exeter, siglos XIII-XIV

Catedral de Edimbur

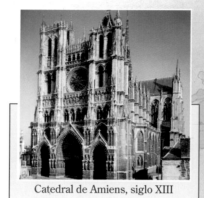
Catedral de Amiens, siglo XIII

Catedral de París, siglos XII-XIII

✦ La obra

La obra de un edificio permanecía abierta durante un período de tiempo muy largo y podía durar varias generaciones. Los largos períodos se debían no sólo a la necesidad de adaptarse a los ritmos de las estaciones sino también a la dificultad del transporte de los bloques de piedra desde las canteras a la obra con carros de tracción animal. Abajo, *Obra con garruchas, andamios y herramientas de los canteros*, «Grandes Chroniques de Saint Denis», siglo XIV.

Catedral de Burgos, siglo XIII

Las catedrales ✦

Las catedrales (la palabra significa trono del obispo) se construyen gracias a las aportaciones de los fieles, que dan dinero para las obras a cambio de indulgencias. A la derecha, *Salterio de Canterbury*, París, Bibliothèque Nationale, siglo XIII.

Edimburgo
Durham
York
Westminster
Exeter
Salisbury
Londres
Canterbury
Amiens
Caen
Reims
Mont-St-Michel
París
Chartres
Tours
Autun
Cluny
Santiago de Compostela
León
Pamplona
Arlés
Salamanca
Ávila
Ripoll
Córdoba
Granada

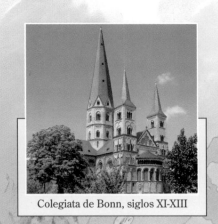

Colegiata de Bonn, siglos XI-XIII

Catedral de Bamberg, siglo XIII

Magdeburgo

Praga

Bamberga

Ratisbona

Basílica de Asís, siglo XIII

Torcello

lán • Parma
• Módena
nova • Bolonia
Pistoya
Luca • • Florencia
Pisa
Siena
• Asís
• Orvieto

Catedral de Orvieto, siglo XIII

Trani

Nápoles

• Monreale

♦ EL ARQUITECTO
Una imagen del arquitecto Lanfranco de la «Relatio translationis corpori sancti Geminiani», Módena, Biblioteca Capitular, siglo XIII. El arquitecto es el creador del proyecto de todo el edificio. Pero en la obra trabajan muchas más personas, cada una de ellas con un cometido concreto: los canteros y picapedreros, los que extienden la cal y el yeso y los carpinteros de obra de afuera, es decir, los que construyen las máquinas destinadas al transporte del material y la colocación de los elementos decorativos terminados en la parte superior del edificio.

ECKEHARD Y UTA ♦
Estatuas del coro occidental, Naumburgo, catedral, hacia 1260. El Maestro de Naumburgo que se encargo de representar a los fundadores de la catedral creó las figuras inspirándose en modelos reales.

♦ LAS CATEDRALES
Entre los siglos XI y XIII, en todas las ciudades y todos los pueblos de Europa se edificaron nuevas iglesias y, a veces, grandiosas catedrales. En el mapa se indican los principales centros, sede de importantes iglesias románicas y góticas.

**VIDRIERA DE ♦
IGLESIA ROMÁNICA**
Vidriera donada por los albañiles, Bourges, Catedral, siglo XII. El arte de los maestros vidrieros se desarrolló sobre todo en Francia y los países de habla alemana.

XIV

LA ESCULTURA ANTERIOR A GIOTTO

En la Baja Edad Media los escultores trabajan
especialmente en las catedrales, donde decoran la parte
exterior y algunas partes interiores. En el exterior,
los relieves escultóricos se concentran en los pórticos,
y sobre todo en el principal, y en los espacios
adyacentes, de manera que puedan ser contemplados
por los viandantes. En el interior de la iglesia las
esculturas adornan los capiteles de las columnas o las
pilastras, los púlpitos desde donde hablan los religiosos
y los lugaresque centran la atención de los fieles.
La escultura se convierte en un medio de comunicación
con los creyentes que no saben leer ni escribir. Por algo
el edificio religioso empieza a compararse en este
período con un gran libro ilustrado. Francia, el país
más rico y poderoso de Europa, cuenta en el siglo XIII
con los mejores maestros de escultura, imitados por los
alemanes y los ingleses. En Italia, la actividad
escultórica se desarrolla plenamente hacia finales del
siglo XIII, sobre todo gracias al taller de Nicola Pisano
y su hijo Giovanni, y a Arnolfo di Cambio.

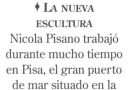

♦ LA NUEVA ESCULTURA
Nicola Pisano trabajó
durante mucho tiempo
en Pisa, el gran puerto
de mar situado en la
desembocadura del río
Arno. Siguiendo el
ejemplo de los
maestros franceses,
empezó a estudiar la
escultura de la Roma
clásica para poder
representar mejor
la naturaleza
humana y animal.

♦ VÉZELAY
Tímpano
del pórtico,
La Madelaine,
c. 1135-1140.
La escena que se
representa en el
pórtico evoca
simultáneamente
la misión de
los apóstoles,
la venida del
Espíritu Santo
y la Ascensión
de Cristo.

♦ CHARTRES
Notre-Dame,
tímpano del pórtico,
fachada occidental,
1145-1155.
El Cristo en gloria
se representa en el
tímpano, y los doce
apóstoles ocupan el
arquitrabe inferior.

♦ CARLOS DE ANJOU
Detalle, Roma, Musei
Capitolini, 1277.
Atribuida a Arnolfo
di Cambio, esta
escultura es uno de los
primeros ejemplos de
retrato del natural.

♦ **NATIVIDAD Y ANUNCIO A LOS PASTORES**
Nicola Pisano, Pisa, Baptisterio, detalle del púlpito de mármol finalizado en 1260. Siguiendo una costumbre típicamente medieval, el escultor representa al mismo tiempo varios episodios, reunidos sin tener en cuenta la coherencia espacial y temporal. La Virgen está tendida sobre el jergón y José permanece acurrucado en el ángulo izquierdo, mientras dos mujeres se dedican a bañar al Niño. Al lado de las mujeres, un grupo de ovejas que mira a la derecha enlaza con el episodio que se representa en el ángulo superior derecho: el anuncio del nacimiento de Jesús a los pastores. La escena presenta detalles realistas, como el del macho cabrío que se rasca la cabeza con la pezuña.

♦ **PÚLPITO**
Giovanni Pisano, Pistoya, San Andrés, 1298-1308.

♦ **NICOLA PISANO**
Se cree que nació hacia 1220 y se formó en el sur de Italia, en Apulia. Posteriormente se trasladó al norte, a Pisa y a Siena. Inspirándose en la escultura clásica romana, infunde a todas sus obras un acusado naturalismo: las figuras humanas están esculpidas tal como son en realidad.

♦ **GIOVANNI PISANO**
(Pisa *c.* 1248-Siena después de 1314). Hijo de Nicola, aprende de su padre el lenguaje plástico, elaborándolo de manera personal. Es una de las personalidades más destacadas del gótico europeo. Sus obras presentan una alta calidad de ejecución, un planteamiento original y una fuerte expresividad.

♦ **ARNOLFO DI CAMBIO**
(*c.* 1245-1302) Fue primero alumno y después colaborador de Nicola Pisano. Su papel no sólo de arquitecto sino también de escultor, hace de él uno de los primeros artistas que fundieron la escultura con la arquitectura. Trabaja en Florencia entre los siglos XIII y XIV como artífice principal de la catedral.

DORMITIO VIRGINIS ♦
Arnolfo di Cambio, mármol procedente de la fachada de la catedral de Florencia. Berlín, Staatliche Museen, 1302.

FLORENCIA EN EL S. XIII

En el siglo XIII la ciudad de Florencia, situada en Toscana, en pleno centro de Italia, se consolida como uno de los más importantes centros comerciales, textiles y bancarios de Europa. Hasta entonces no se había distinguido especialmente de otras ciudades toscanas vecinas, como la poderosa, Pisa, Siena o Luca. En 1252 Florencia empieza a acuñar una moneda de oro llamada florín, que muy pronto se convierte en la moneda de intercambio más importante y sólida de toda Europa. Florencia experimenta, además, un notable incremento demográfico y, a finales de siglo, su población alcanza los cien mil habitantes, convirtiéndose de este modo, junto con París, Londres y Milán, en una de las ciudades más pobladas de Europa. La expansión urbana y la edificación de nuevas basílicas y palacios son de tal envergadura que, en la segunda mitad del siglo XIII, toda la ciudad adquiere el aspecto de una inmensa obra. Dividida desde siempre en numerosos bandos, escenario de luchas políticas y apasionadas rivalidades, la ciudad asiste, en el transcurso del siglo XIII, a la consolidación de una clase de fabricantes de tejidos, mercaderes y banqueros que establecen, en las ordenanzas legislativas del año 1293, unas normas capaces de garantizar la estabilidad de la República a lo largo de varios decenios.

♦ **ARTE DE LOS MERCADERES O CALIMALA**

♦ **LAS ARTES**

La vida económica, la forma de trabajar y la vida política de Florencia estaban reguladas por las llamadas artes, es decir, los gremios, unas asociaciones que agrupaban a los que ejercían el mismo oficio o a los trabajadores de varios oficios distintos, todas ellas dotadas de una sede, un escudo y unas normas muy estrictas acerca de los permisos de trabajo y todas las reglas de la actividad, la aceptación de aprendices y los ascensos a la categoría de maestro de un determinado oficio. A través de los gremios, los estamentos mercantiles y económicos de Florencia se aseguraron el gobierno de la ciudad. La Señoría de los Priores estuvo inicialmente en manos del gremio de los mercaderes (o de Calimala), de la lana y de los cambistas. Rápidamente el poder se extendió a los gremios de los sederos, los médicos y los boticarios, los curtidores y los peleteros y, finalmente, al de los jueces y los notarios.

♦ **ARTE DE LA LANA**

♦ **ARTE DE LOS CAMBISTAS**

♦ **ARTE DE LA SEDA**

♦ **ARTE DE LOS MÉDICOS Y LOS BOTICARIOS**

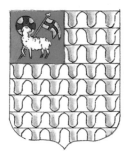

♦ **ARTE DE LOS CURTIDORES Y LOS PELETEROS**

♦ **ARTE DE LOS JUECES Y LOS NOTARIOS**

Éstas eran las siete artes mayores. Por la altura de las numerosas torres que se levantaban en Florencia, se decía que la ciudad, vista desde fuera tanto de cerca como de lejos, era la más bella y esplendorosa que jamás había existido.

La historia de sus torres acompaña la tumultuosa historia política de Florencia. Cuando un bando se alzaba con el triunfo, se derribaban las torres de los vencidos, en un constante vaivén de venturas y desventuras.

A veces algunas familias aliadas construían conjuntamente una torre, y cada cual podía refugiarse en ella, a través de su entrada correspondiente.

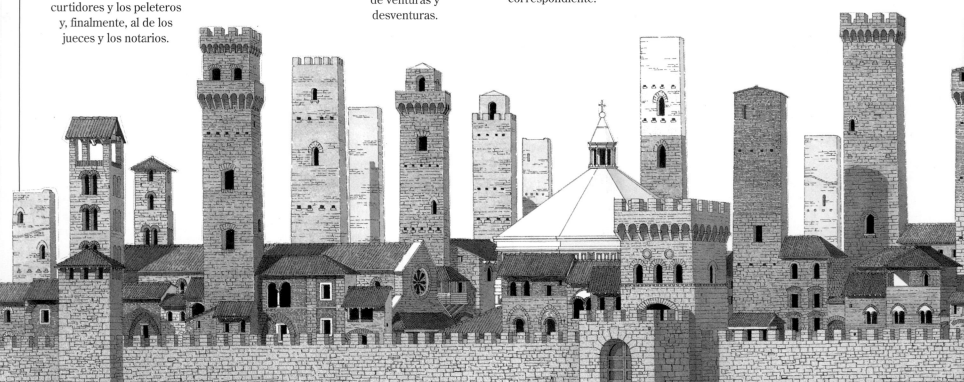

LEYENDA

● Ciudades en las que solían tener filiales las compañías florentinas

■ Ciudades en las que hubo durante algún tiempo filiales de compañías florentinas

▲ Ciudades en las que tuvieron filiales dos grandes compañías del siglo XIII, los Bardi y los Peruzzi

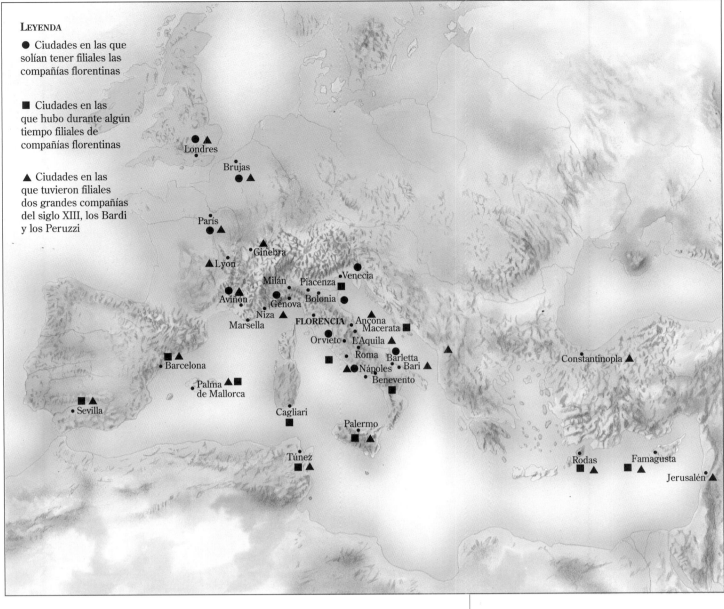

Londres

Brujas

París

Lyon

Ginebra

Milán · Piacenza · Venecia

Aviñón · Génova · Bolonia

Niza · Marsella

FLORENCIA · Ancona · Macerata

Orvieto · L'Aquila

Roma · Barletta

Nápoles · Bari

Benevento

Constantinopla

Barcelona

Palma de Mallorca

Sevilla

Cagliari

Palermo

Túnez

Rodas · Famagusta

Jerusalén

♦ **EL FLORÍN DE ORO**
A mediados del siglo XIII tuvo lugar un hecho muy importante en la historia monetaria: la acuñación de monedas de oro. Primero fueron los genoveses con el *genovino* de oro, después los florentinos con el florín de oro en 1284 y más tarde los venecianos con el ducado en 1284. El florín de oro era una moneda muy sólida y reconocida como válida en los intercambios internacionales, tal como siglos después la libra esterlina y el dólar.

♦ **COMERCIO**
Comercio y finanzas florentinas en el exterior. La compañías financieras y comerciales florentinas tenían filiales en las principales ciudades europeas, donde desarrollaban actividades bancarias, adquirían materias primas e importaban productos elaborados en Florencia.

Hubo un momento, entre los siglos XII y XIII, en que había más de cincuenta torres.

A partir de los años comprendidos entre 1250 y 1258 se decidió limitar la altura de las torres a cincuenta metros.

〰〰〰〰〰✦ **LA VIDA DE GIOTTO** ✦〰〰〰〰〰

1 ♦ *En la Edad Media los pintores y los escultores (que a menudo son también arquitectos, decoradores y orfebres), se consideran simples artesanos. Desarrollan una actividad muy poco apreciada por la sociedad, perteneciente a las llamadas artes mecánicas, es decir, a la esfera de los trabajos manuales y no intelectuales. Los trabajos más importantes se alternan con otros más sencillos como la decoración de muebles, sillas de montar o armaduras. De muchos artistas, incluso importantes, no ha llegado hasta nosotros ninguna información. Raras son las obras firmadas: uno de los primeros ejemplos es el mosaico de Saint Denis en Francia (1140) y otro las vidrieras de la catedral de Chartres, en las que figuran unos pequeños autorretratos que equivalen a la firma. Sólo a partir de mediados del siglo XIII se empieza a reconocer el mérito del artista. Giotto es uno de los primeros pintores, del que los cronistas y más tarde los historiadores nos han transmitido noticias. Ello se debe en parte al hecho de pertenecer a una ciudad rica y poderosa como era entonces Florencia, la cual tributaba culto a su propia historia.* ➤

CIMABUE MAESTRO DE GIOTTO

♦ **VIRGEN ENTRONIZADA CON EL NIÑO**
Cimabue, detalle, Florencia, Uffizi, 1285-1286.

♦ **CIMABUE**
Nacido en Florencia entre los años 1240 y 1245, está considerado el pintor más importante de la generación anterior a la de su alumno Giotto.

En sus obras se percibe la necesidad de alejarse de los esquemas bizantinos para renovar el estilo pictórico, teniendo en cuenta también los ejemplos escultóricos que había contemplado en Roma y Pisa. Trabajó en muchas ciudades italianas: en Asís, en la basílica de San Francisco (1278-1279), donde se conservan dos *Crucifixiones*, en las que colaboraron Giotto y Duccio di Boninsegna; en Bolonia, en Santa María de los Siervos; en Florencia, en la cúpula del Babtisterio; y en Pisa, donde realiza la figura de san Juan en el mosaico del ábside de la catedral. Entre las tablas cabe citar el *Crucifijo* de Arezzo, el de la iglesia de la Santa Cruz de Florencia y la *Majestad*, que hoy se conserva en los Uffizi.

En el centro de Florencia se levanta la iglesia de San Juan, llamada el Baptisterio, donde se bautizan los florentinos. Se trata de un edificio de riguroso orden geométrico, construido en el siglo XI. Los mosaicos que embellecen la parte interior de la bóveda constituyen uno de los más claros ejemplos de la transformación del arte de la representación en el siglo XIII. Entre las decoraciones que se iniciaron en 1225 y las del último cuarto del siglo XIII se observan diferencias fundamentales, sobre todo en la manera de representar las figuras humanas. Por consiguiente, en el territorio de Florencia, las innovaciones artísticas coinciden con el desarrollo económico y social de la ciudad. En aquellos mismos años el florentino Cenni di Pepo, llamado Cimabue, se convierte en el pintor más conocido y apreciado de Italia. Suyo es el mérito de haber renovado la pintura, abandonando los tradicionales cánones bizantinos para representar a las personas y las cosas de una forma más cercana a la realidad.

♦ **INFIERNO**
Florencia, Baptisterio, detalle de la obra atribuida a Coppo di Marcovaldo, un artista toscano de la segunda mitad del siglo XIII, que trata de huir de los esquemas bizantinos, utilizando contornos marcados y fuertes contrastes en claroscuro.

♦ **CRISTO PANTOCRÁTOR**
Taller de Meliore, detalle de los mosaicos de la cúpula del Baptisterio de Florencia (*c.* 1225). El carácter estático de las figuras, que carecen de profundidad, enlaza estos mosaicos con la tradición bizantina.

♦ **FIGURA DE PERSONAJE**
Florencia, Baptisterio. Realizada por un artista la escuela de Cimabue entre 1270 y 1272, es un detalle de la escena de la *Imposición del nombre al Bautista*. El rostro de este personaje se caracteriza por la intensidad de la expresión y el dinamismo de la posición del cuerpo, muy alejado del estilo bizantino.

MOSAICOS ♦ DE LA CÚPULA
Vista general de los mosaicos de la cúpula del Baptisterio de Florencia.

LA DANZA DE SALOMÉ ♦
Taller del Maestro de la Magdalena, Florencia, Baptisterio. Las figuras, dotadas de corporalidad y volumen, se mueven dentro de un espacio arquitectónico que parece real.

♦ **DESCENDIMIENTO DE CRISTO**
Taller del Maestro de la Magdalena, Florencia, Baptisterio. Los rostros se caracterizan por las expresiones y los gestos de dolor. María Magdalena, representada en el extremo izquierdo, expresa su dolor levantando los brazos.

2. LA VIDA DE GIOTTO ♦ *El nombre de Giotto es probablemente una abreviación de Angiolotto o de Angelo o de Biagio. Nace en Colle di Vespignano, en la campiña del norte de Florencia llamada Mugello, en 1267. Su padre Bondone cultiva la tierra y cría ovejas. Los primeros historiadores que transmitieron noticias acerca de Giotto narran un curioso episodio: mientras cuidaba del rebaño a la edad de diez años, Giotto empezó a dibujar una oveja sobre una roca plana, utilizando una piedra de cantos afilados. Parece ser que Cimabue —el pintor más famoso de aquella época— acertó a pasar por allí y, viendo las grandes aptitudes del muchacho, convenció a su padre para que le confiara su custodia, y se lo llevó a su acreditado taller. Sin embargo, la realidad fue muy distinta. Está históricamente demostrado que, en la época de la infancia de Giotto, muchos habitantes de la campiña florentina se trasladan a la ciudad. Entre ellos está Bondone. En la capital toscana, su padre envía a Giotto a trabajar en el gremio de la lana y posteriormente, dadas sus aptitudes, lo envía al taller de Cimabue.* ⇒

EL TALLER

A pesar de la creciente fama de algunos artistas, el oficio de pintor no goza de gran prestigio en la Florencia del siglo XIII. Esta actividad está destinada sobre todo a los hijos de las familias no demasiado acomodadas, dado que los gastos de aprendizaje son inferiores a los de otros oficios. Para convertirse en pintor, es necesario que el joven sea admitido en un taller, un gran edificio-obrador en el que el maestro desarrolla su actividad y tiene su vivienda. El taller es, además, un lugar en cuyas grandes arcadas de la planta baja que comunican con la calle se exponen a la vista de los viandantes los productos en venta. La entrada de un alumno está regulada por un contrato suscrito delante de un notario y en presencia de testigos, en el cual se establece que el joven deberá vivir en el taller y que el maestro se compromete a enseñarle el oficio con o sin salario, según los casos. Por regla general la condición de alumno dura de un mínimo de cuatro años a un máximo de trece, y al principio sus tareas se limitan a la preparación de las telas y los colores, para pasar más adelante al aprendizaje del arte del dibujo y, por último, a la fase final del arte de la pintura propiamente dicha.

✦ LA VIVIENDA Y EL TALLER
El dibujo reproduce una típica casa florentina de principios del siglo XIV, con la puerta de entrada y el taller en la planta baja, y las habitaciones de la vivienda en los pisos superiores.

3. LA VIDA DE GIOTTO ✦ *Giotto debió de dar muestras de un talento muy prometedor, pues el taller en el que fue aceptado era en aquel momento el más conocido e importante de la ciudad. Cimabue, además de dirigir su taller de Florencia, donde un ejército de colaboradores estaba preparado para atender los encargos de los clientes, trabajaba en muchas otras ciudades italianas como, por ejemplo, Pisa, Roma, Asís y Arezzo. Su estilo pictórico, ligado todavía a la tradición bizantina, era muy innovador por su capacidad de representar las expresiones humanas de los rostros de los personajes. El joven Giotto no pudo tener una escuela mejor. Cimabue hizo que le acompañara durante sus prolongadas estancias de trabajo en Roma y Asís.* ➤

✦ LAS CAMAS
El mobiliario de las casas es muy sencillo; la cama se coloca sobre un arca de gran tamaño que sirve para guardar la ropa.

✦ LA COCINA
En el siglo XIV no suele haber chimeneas en las casas italianas. Por consiguiente, las cocinas están en el último piso para que el humo salga por el techo.

✦ LOS ALUMNOS
Los mozos del taller y los alumnos trabajan en la misma estancia que el maestro, pero duermen en cuartos separados.

EL ESTABLO ✦
Cada casa dispone de un establo donde suele haber un asno, el medio de transporte más común.

✦ LA ESCALERA
La escalera suele ser de madera, y se encuentra en el interior del patio. A las habitaciones de los distintos pisos se accede a través de unas galerías, también de madera.

EL ALMUERZO ✦
Alumnos y maestro comen juntos en el taller sentados a unas mesas que se montan y desmontan para la ocasión.

VENTANAS DE TELA ✦
El cristal es muy caro y las ventanas se cubren a menudo con unos paneles de tela llamados *impannate*.

✦ LOS SALEDIZOS
En la Florencia de principios del siglo XIV, para aumentar el espacio habitable, se construyen alrededor de las fachadas unas galerías de madera llamadas saledizos. En las calles muy estrechas, los saledizos casi se tocan.

✦ LA CALLE
La calle está siempre muy animada; algunas calles están empedradas, pero las cloacas no son muy frecuentes y el agua discurre al descubierto.

EL TRABAJO ✦
En el taller de la planta baja se está armando una gran cruz de madera.

✦ EL COMERCIO
En los bancos del taller se exponen las obras menores que se venden al público.

La pintura sobre tabla

La costumbre de pintar sobre tablas de madera tiene unos orígenes muy antiguos. En Egipto, dicha técnica ya se conocía a partir de los siglos XIII y XII a.C. Según los historiadores, los griegos y los romanos también pintaban sobre tabla. Hasta comienzos del siglo XIII las modalidades de pintura más difundidas en Europa eran la miniatura y los murales. La pintura sobre tabla, por el contrario, empezó a difundirse rápidamente a partir de la segunda mitad del siglo XIII. Un pintor del siglo XIV, Cennino Cennini, autor de una obra titulada *El libro del arte*, describe los distintos procedimientos que los pintores de su época tenían que seguir para preparar una superficie adecuada antes de pintar sus obras. La fase de preparación de las delgadísimas capas que se encuentran entre la madera y la superficie en la que el pintor aplica la pintura, es de vital importancia para obtener un estrato elástico que acompañe los ligeros movimientos propios de la madera.

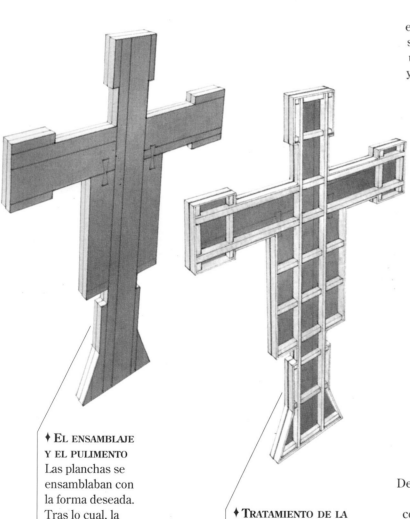

✦ **LA PREPARACIÓN**
Los procedimientos necesarios para la preparación de una gran obra sobre tabla se llevan a cabo en etapas sucesivas, separadas por intervalos de varios días.

1. LA EXTENSIÓN ✦ DE LA COLA
Con un grueso y suave pincel de cerda se extienden tres manos de cola sobre toda la superficie y el marco.

2. EL ENCOLADO ✦
La tela de fino lino, cortada en tiras empapadas de cola, se extiende sobre las tablas de la cruz y sobre el marco, procurando evitar superposiciones.

5. EL ALISADO ✦
Para obtener una especial compacidad, se rasca el yeso. Con una hoja muy afilada y sin ejercer presión, el trabajador lo alisa hasta conferirle un brillo similar al del marfil.

✦ **EL ENSAMBLAJE Y EL PULIMENTO**
Las planchas se ensamblaban con la forma deseada. Tras lo cual, la madera se limpiaba y se pulía perfectamente, procurando eliminar los nudos y rellenarlos con serrín y cola.

✦ **TRATAMIENTO DE LA PARTE POSTERIOR**
La parte posterior de la cruz se pinta con un producto a base de color y aceite de linaza para impermeabilizar la madera y crear una superficie homogénea. La cruz permanece separada de la pared y, por consiguiente, la parte posterior queda a la vista.

9. EL DORADO ✦
Después de bruñir las partes donde se ha colocado el bolo, con un diente de animal se aplican las hojas de pan de oro y de plata. Con las pinzas se toma una finísima hoja de metal, se pasa sobre una superficie mojada con el bolo y se coloca sobre el lugar establecido, apretando con algodón en rama.

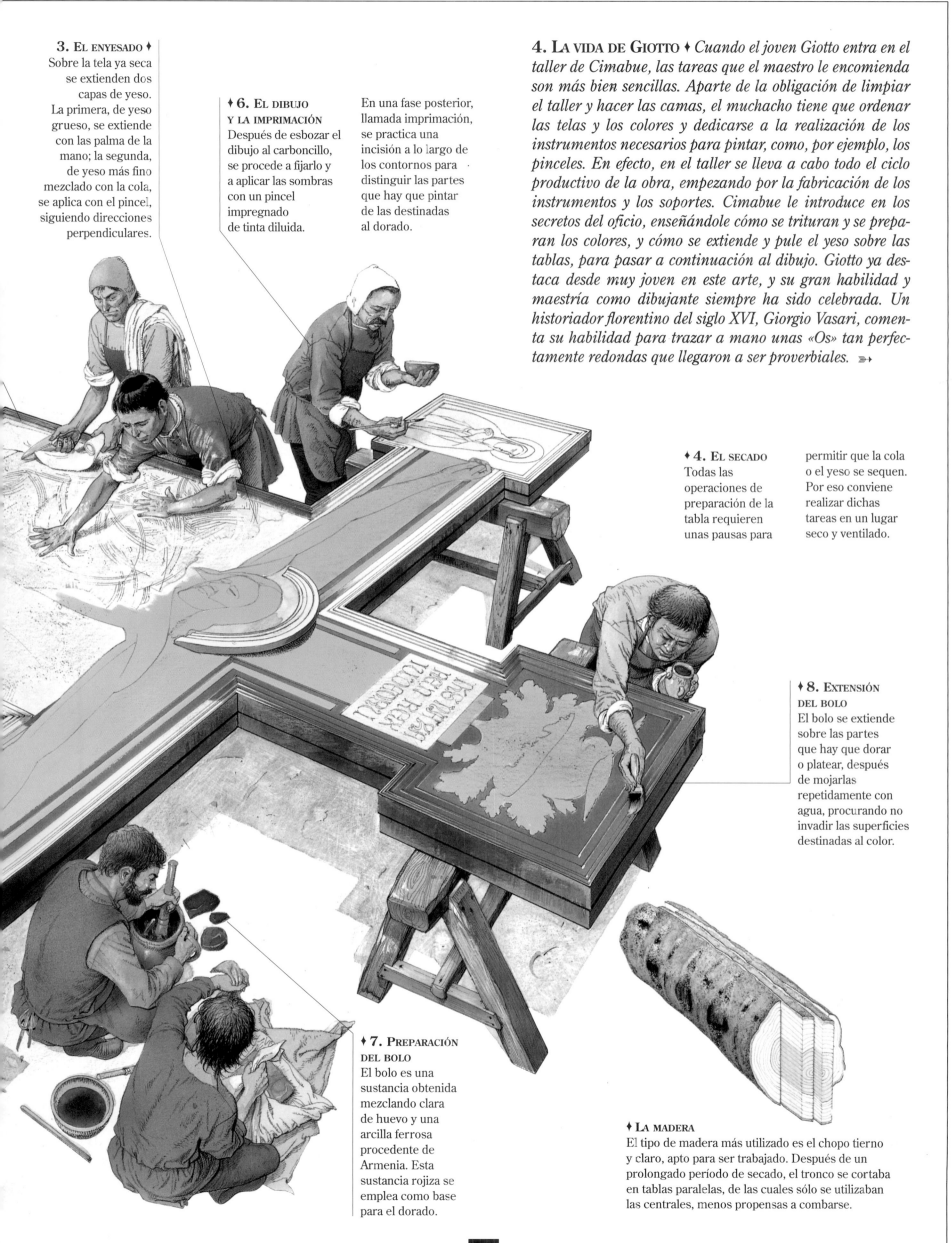

3. EL ENYESADO ♦
Sobre la tela ya seca se extienden dos capas de yeso. La primera, de yeso grueso, se extiende con las palma de la mano; la segunda, de yeso más fino mezclado con la cola, se aplica con el pincel, siguiendo direcciones perpendiculares.

♦ 6. EL DIBUJO Y LA IMPRIMACIÓN
Después de esbozar el dibujo al carboncillo, se procede a fijarlo y a aplicar las sombras con un pincel impregnado de tinta diluida.

En una fase posterior, llamada imprimación, se practica una incisión a lo largo de los contornos para distinguir las partes que hay que pintar de las destinadas al dorado.

4. LA VIDA DE GIOTTO ♦ *Cuando el joven Giotto entra en el taller de Cimabue, las tareas que el maestro le encomienda son más bien sencillas. Aparte de la obligación de limpiar el taller y hacer las camas, el muchacho tiene que ordenar las telas y los colores y dedicarse a la realización de los instrumentos necesarios para pintar, como, por ejemplo, los pinceles. En efecto, en el taller se lleva a cabo todo el ciclo productivo de la obra, empezando por la fabricación de los instrumentos y los soportes. Cimabue le introduce en los secretos del oficio, enseñándole cómo se trituran y se preparan los colores, y cómo se extiende y pule el yeso sobre las tablas, para pasar a continuación al dibujo. Giotto ya destaca desde muy joven en este arte, y su gran habilidad y maestría como dibujante siempre ha sido celebrada. Un historiador florentino del siglo XVI, Giorgio Vasari, comenta su habilidad para trazar a mano unas «Os» tan perfectamente redondas que llegaron a ser proverbiales.* ⇒→

♦ 4. EL SECADO
Todas las operaciones de preparación de la tabla requieren unas pausas para permitir que la cola o el yeso se sequen. Por eso conviene realizar dichas tareas en un lugar seco y ventilado.

♦ 8. EXTENSIÓN DEL BOLO
El bolo se extiende sobre las partes que hay que dorar o platear, después de mojarlas repetidamente con agua, procurando no invadir las superficies destinadas al color.

♦ 7. PREPARACIÓN DEL BOLO
El bolo es una sustancia obtenida mezclando clara de huevo y una arcilla ferrosa procedente de Armenia. Esta sustancia rojiza se emplea como base para el dorado.

♦ LA MADERA
El tipo de madera más utilizado es el chopo tierno y claro, apto para ser trabajado. Después de un prolongado período de secado, el tronco se cortaba en tablas paralelas, de las cuales sólo se utilizaban las centrales, menos propensas a combarse.

Dibujo
y pintura

Durante la fase de preparación de la tabla y del dibujo esquemático la cruz se coloca en sentido horizontal. Después hay que colocarla en sentido vertical. Sólo entonces el pintor la puede contemplar desde varias distancias y valorar la corrección de las proporciones de las figuras. Con la tabla vertical, el pintor realiza el dibujo definitivo, y después lo pinta. Estos procedimientos requieren una gran precisión y el pintor los lleva a cabo mientras, a su alrededor, los que trabajan en el taller se dedican a otras tareas. A diferencia del estudio del pintor actual, que es un espacio de silencio en el que el maestro realiza sus obras, en la Edad Media el taller era un lugar en el que se desarrollaban infinidad de tareas: desde la decoración de objetos a la preparación de las colas, los colores, los yesos y todo lo necesario para el trabajo del pintor.

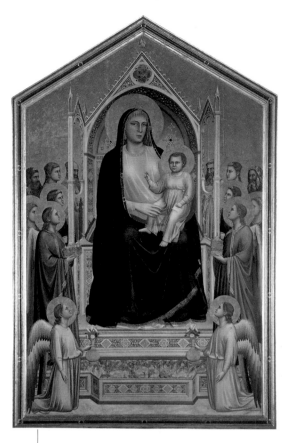

**♦ Apeles
o la pintura**
Andrea Pisano y ayudantes, Florencia, Museo dell'Opera del Duomo, 1348-1350. Panel de mármol policromo realizado para el campanario de Giotto, en el cual se ve a un pintor, pintando en una paleta.

**♦ Virgen
entronizada**
Giotto, temple sobre tabla, Florencia. Uffizi. Atribuido a Giotto

desde finales del siglo XV, este retablo se considera una de las grandes obras maestras del pintor toscano.

**♦ Retablos y
polípticos**
A partir del siglo XIII, además de la pintura sobre tabla se generaliza la de los retablos, imágenes religiosas sobre una sola tabla destinada a los altares, y la de los polípticos, conjunto de varias tablas que se pliegan. Los primeros ejemplares de polípticos son italianos, pero los más grandes se realizaron en Flandes y España. Las guerras y el coleccionismo moderno han dado lugar a la dispersión de muchas partes de polípticos.

**♦ Los distintos
trabajos del taller**
En los talleres la actividad continua estaba asegurada gracias a los ornamentos de los estandartes, las armas y las armaduras. Estas actividades eran las que mayores ganancias reportaban.

5. La vida de Giotto ♦ *Completada la primera fase de su aprendizaje, Giotto empieza a dedicar buena parte de su tiempo a copiar los dibujos del maestro hasta que, finalmente, Cimabue le confía la realización de partes secundarias de las obras en las que trabaja su taller. Ya a partir del siglo XIV empiezan a circular anécdotas sobre la habilidad de Giotto y sus relaciones con Cimabue. Según una de ellas Giotto, en ausencia de Cimabue, dibujó una mosca en la nariz de una figura en la que estaba trabajando el maestro. Al regresar al taller, Cimabue quiso espantar el insecto, pues el dibujo era tan perfecto que parecía de verdad. Dante, el gran poeta florentino contemporáneo de Giotto, escribió algunos años después que Cimabue había sido el más grande, pero que después el alumno eclipsó y superó al maestro. Sin embargo, fue el propio Cimabue quien ayudó a su mejor alumno a abrir su propio taller.* ▰➔

♦ **POLÍPTICO
DE LA ABADÍA**
Giotto, Florencia,
Museo dell'Opera
di Santa Croce
(en depósito en
los Uffizi). Realizado
para la iglesia de la
abadía de Florencia
hacia el 1310,
después de los
frescos de Padua,
es uno de los pocos
polípticos de Giotto
que se conservan
completos.

♦ **MOLIENDA
DE LOS COLORES**
Los pigmentos
coloreados se
trituraban sobre la
piedra porfídica,
formada por una base
de pórfido rojo de
unos treinta
centímetros de
anchura y otro trozo
también de pórfido,
plano por debajo y
cóncavo por arriba,
para que la mano lo
pudiera sujetar con
comodidad.

El color, en cantidad
no superior al tamaño
de una nuez, se
trituraba con un poco
de agua durante al
menos una hora.

Había colores como
el negro que
alcanzaban una
tonalidad mejor si se
trituraban mucho
rato. Otros, como los
azules, tenían que
molerse más gruesos
para que no perdieran
la intensidad.

Después de la fase
de la molienda,
el color obtenido,
ni muy líquido ni
muy espeso, se
colocaba en una
jarrita y se cubría
con agua.

Antes de
extenderlo, el color
se mezclaba con
clara de huevo,
que le daba una
consistencia un
poco resbaladiza.

Para darle una mayor
fluidez se recurría a
sustancias como
la leche de higuera,
la baba de caracol,
la cera de los oídos,
la hiel de buey
y muchas otras.

♦ **EXTENSIÓN
DE LA PINTURA**
Se extiende con
pinceladas
transparentes, cuya
intensidad se difumina
de acuerdo con las
zonas de sombra
o de luz.
Por regla general, el
pintor tiene a su
disposición tres
jarritas: una con la
pintura básica para las
zonas medias, otra
con la pintura aclarada
con blanco para las
zonas en relieve o
luminosas; y una
tercera con la pintura
oscurecida con añil
para las zonas de
sombra y para los
surcos de los pliegues.

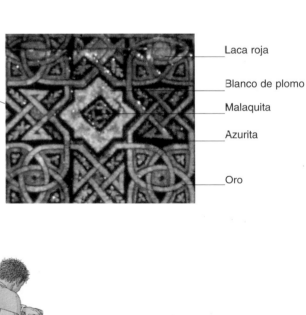

Laca roja

Blanco de plomo

Malaquita

Azurita

Oro

♦ **BARNIZADO FINAL**
La obra se termina
con una capa
protectora de barniz
que se extiende
cuando la pintura ya
están completamente
seca. El barniz, que
puede ser a base de
clara de huevo o de
resinas disueltas en
aceite, además de su
finalidad protectora,
confiere a la pintura
un efecto similar
al del esmalte.

♦ SANTO DOMINGO DE GUZMÁN

Nace en 1170 en Caleruega, Burgos. Ya en su juventud, durante los estudios, se distingue por el amor a la pobreza y la compasión por los pobres. Convertido en sacerdote, es enviado a luchar contra la herejía de los albigenses en el sur de Francia. En 1215, en la ciudad francesa de Tolosa, funda la orden de predicadores dominicos que poco después transforma en orden mendicante. Muere en Bolonia en 1221.

LOS DOMINICOS

Los hombres de fuerte espiritualidad de las órdenes religiosas de la Alta Edad Media -como los benedictinos y los cluniacenses- habían elegido una vida de aislamiento, plegaria y estudio dentro del recinto de sus monasterios. Las órdenes religiosas que nacen y se extienden rápidamente a lo largo del siglo XIII buscan, por el contrario, la relación directa con la sociedad dentro de los núcleos urbanos. Se llaman órdenes mendicantes porque confían en las limosnas para su sustento. De ellas, una de las más importantes es la orden de los dominicos, fundada por el español Domingo de Guzmán en el año 1215. Su programa incluye la pobreza y la predicación. La orden, integrada generalmente por hombres muy cultos, es conocida también como orden de los predicadores.

♦ DUCCIO DI BONINSEGNA
Virgen entronizada, llamada *Virgen Rucellai*, Florencia, Uffizi, 1285. El retablo fue encargado para adornar una capilla de Santa María Novella.

♦ LOS DOMINICOS EN FLORENCIA
En 1290, en el momento de la entrega de la cruz de Giotto, la basílica de Santa María Novella todavía era un gran solar en obras. Al principio, era sólo una pequeña iglesia construida entre 1228 y 1243. Precisamente el primitivo edificio se convertiría en el crucero de la nueva basílica, cuyas espaciosas naves están destinadas a acoger a las grandes muchedumbres atraídas por la predicación de los dominicos.

EL PÓRTICO PRIMITIVO ♦
Una gran procesión acompaña la entrada de la cruz de Giotto a través del antiguo pórtico de la iglesia primitiva.

♦ **Los conventos**
Alrededor de las murallas de 1173-1175 se habían desarrollado numerosos burgos, habitados sobre todo por artesanos y mercaderes, atraídos por la gran pujanza económica de Florencia. Y es justamente en estas zonas próximas a las puertas de la ciudad y de los mercados, donde se establecen en el siglo XIII las órdenes mendicantes. Su misión consiste en predicar la pobreza y la caridad, atender a los pobres y a los enfermos e iniciar a los jóvenes del campo en las distintas actividades que la ciudad ofrece: fabricación de tejidos, construcción y artesanía. Por consiguiente, alrededor de los conventos surge y se desarrolla una segunda ciudad.

♦ **Santa Maria Novella**
Aspecto actual de la iglesia florentina.

La fachada, de Leon Battista Alberti, se remonta al siglo XV.

6. La vida de Giotto ♦ *Normalmente, un discípulo abandona el taller del maestro para crear el suyo entre los veintidós y los veinticinco años de edad. Giotto se establece por su cuenta antes de cumplir los veinte años. Muy joven, recibe su primer encargo prestigioso de trabajo: la realización de una gran cruz pintada para la iglesia de Santa María Novella de los frailes franciscanos en Florencia. Los dominicos ya apreciaban desde hacía mucho tiempo a Cimabue, el cual, casi treinta años atrás, había realizado una gran cruz para la iglesia de Santo Domingo de Arezzo, en Toscana. A partir de 1285, los trabajos de ampliación de Santa Maria Novella están tan avanzados que los frailes deciden encargar la realización de la gran cruz destinada al centro de la nave y llaman a Cimabue. Pero en aquel momento el maestro está ocupado y recomienda a los frailes al joven Giotto.* ⇒►

1221. Los dominicos ♦ se establecen en una plaza de mercado junto a las murallas, y fundan el convento y la iglesia de Santa Maria Novella.

1299. Los silvestrinos ♦ fundan el convento de San Marcos.

Murallas ♦ de 1284-1333.

♦ 1248. Los servitas edifican el convento de la Santísima Anunciada.

♦ Murallas de 1173-1175.

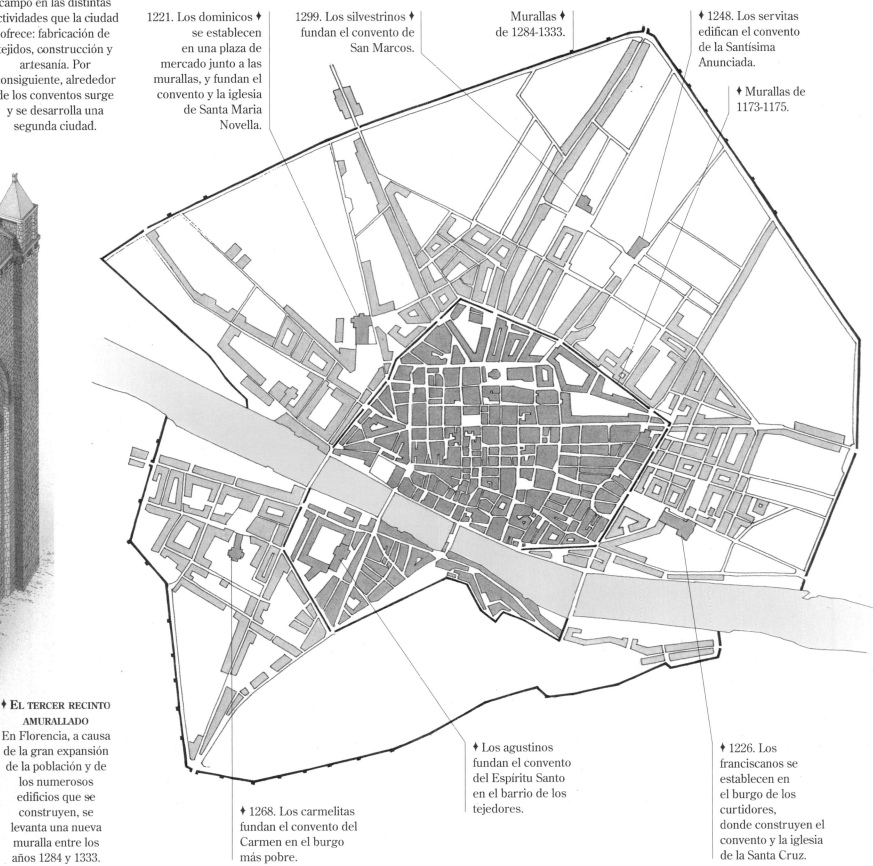

♦ **El tercer recinto amurallado**
En Florencia, a causa de la gran expansión de la población y de los numerosos edificios que se construyen, se levanta una nueva muralla entre los años 1284 y 1333.

♦ 1268. Los carmelitas fundan el convento del Carmen en el burgo más pobre.

♦ Los agustinos fundan el convento del Espíritu Santo en el barrio de los tejedores.

♦ 1226. Los franciscanos se establecen en el burgo de los curtidores, donde construyen el convento y la iglesia de la Santa Cruz.

LOS CRUCIFIJOS

La representación de la cruz tiene unos orígenes muy antiguos. A partir del siglo IV ya estaba extendida por toda la cristiandad: esculpida en piedra, forjada en metal y reproducida en los mosaicos y los frescos de las iglesias. Las cruces pintadas, por el contrario, son un producto más tardío. De considerable tamaño, solían colgarse bajo el arco triunfal de la iglesia o sobre el iconostasio, la cancela que, en las iglesias, dividía la nave en dos partes, la de la entrada destinada a los fieles y la otra a los monjes. Al principio las cruces son muy complicadas, tanto por su forma como por los temas que representan. En los lados del brazo vertical se representa a la Virgen y san Juan, a las mujeres que lloran y otros episodios de la vida de Jesús; en la parte superior, llamada cimacio, la Ascensión de Jesucristo y la Virgen con los ángeles; en los extremos del brazo horizontal, figuras de profetas y escenas de la Pasión. Pero, en las primeras décadas del siglo XIII, la parte central, muy reducida, se decora tan sólo con motivos geométricos y florales, mientras que los bustos de la Virgen y san Juan ocupan los recuadros laterales. Las modificaciones posteriores corresponderán sobre todo al estilo, cada vez más natural.

♦ **CIMABUE**
Crucifijo, Florencia, Museo dell'Opera di Santa Croce, *c.* 1280.

♦ **LA COMPARACIÓN**
Aquí vemos, para poder compararlos, un crucifijo juvenil de Camabue del 1265 y el de Giotto en Santa María Novella. El primero de ellos está muy ligado a los cánones bizantinos. Más tarde, el propio Cimabue, con el *Crucifijo* de la Santa Cruz, hoy dañado, demostrará su gran capacidad de innovación. El *Crucifijo* de Giotto, a diferencia del de su maestro, representa a un hombre en una postura absolutamente natural.

♦ **GIOTTO**
La institución del pesebre de Greccio, detalle, Asís, Basílica superior de San Francisco, 1290-1295. Giotto nos deja aquí un testimonio de la forma en que solían exponerse las cruces en las iglesias.

CIMABUE ♦
Crucifijo, temple sobre tabla, 341 x 264 cm, Arezzo, Santo Domingo, 1265.

♦ **GIOTTO**
Crucifijo, temple sobre tabla, 578 x 406 cm, Florencia, Santa María Novella, 1290.

CIMABUE

♦ **CABEZA-ROSTRO**

La cabeza, inclinada a la izquierda, se hunde en la clavícula. El cabello descansa ordenadamente sobre los hombros.

Las cejas y los labios cerrados están contraídos en una mueca que transmite un inmenso dolor.

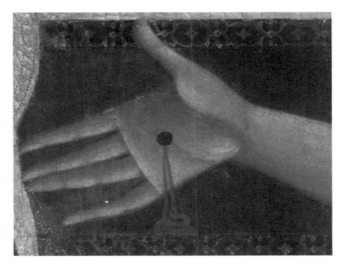

♦ **LAS MANOS**

Las manos se ven planas y se reproducen de una forma un tanto esquemática, con la palma extendida y el

pulgar dirigido hacia arriba. La sangre que brota de las heridas queda detenida por el marco de la cruz.

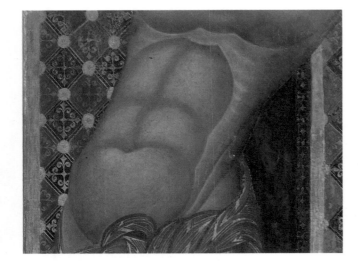

♦ **TORSO**

La cadera está muy desplazada hacia la izquierda y curva el cuerpo en forma de arco. La anatomía es esquemática y

la musculatura se reproduce con tres franjas superpuestas. La representación es abstracta y simbólica.

GIOTTO

♦ **CABEZA-ROSTRO**

La cabeza cae hacia delante y el cabello cae también hacia abajo, ocultando por completo la axila izquierda. Los rasgos del rostro están

relajados y los labios entreabiertos, como si estuviéramos en presencia de un cuerpo verdaderamente muerto.

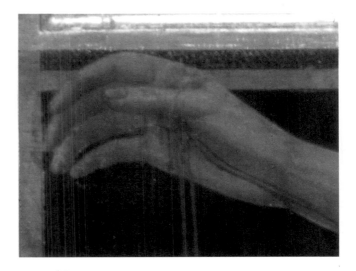

♦ **LAS MANOS**

Se ven en escorzo. El pulgar se dirige hacia abajo y los dedos están ligeramente doblados. Son rasgos que

revelan el abandono del cuerpo muerto. También es realista la sangre que brota de las heridas.

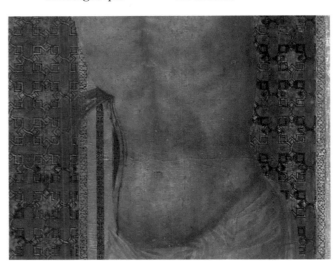

♦ **TORSO**

La cadera está ligeramente desplazada hacia la derecha. El busto es casi vertical y se reproduce con

precisión anatómica. De la herida del costado brota un chorro de sangre que resbala hasta la rodilla.

♦ **GUGLIELMO DA SARZANA**
Crucifijo con historias de la Pasión. Sarzana, Catedral, 1138.

El primer ejemplo de cruz pintada que se conserva se remonta al 1138 y es una obra firmada y fechada por el pintor ligur Guglielmo da Sarzana. Las cruces del siglo XII representan a Jesucristo rígidamente vertical y todavía vivo.

♦ **MAESTRO DE SAN FRANCISCO**
Crucifijo. Perusa, Galleria Nazionale dell'Umbria, 1272.

Las cruces del siglo XIII, en cambio, presentan un nuevo esquema: el de Jesucristo muerto. Los crucifijos pintados son exclusivos de Italia. Las figuras se pintan directamente sobre la tabla o bien sobre hojas de pergamino o cuero, aplicadas posteriormente al soporte de madera perfilado en forma de cruz. La creciente búsqueda de la verosimilitud dará lugar en el siglo XV a la decadencia de las cruces pintadas y a un desarrollo cada vez mayor de las esculpidas.

VIAJES Y PAISAJES

El viaje, gracias sobre todo al desarrollo de los medios de transporte, parece una característica propia de nuestra época. Sin embargo, en contra de lo que se suele pensar, los hombres de la Edad Media también viajaban mucho, a pesar de las numerosas dificultades que tenían que afrontar. En efecto, la mayoría de la gente se desplazaba a pie, pues muy pocas personas (los nobles y los obispos) podían permitirse lujos como una montura o carromatos para viajar. Se solía viajar en grupo, para enfrentarse mejor a las asechanzas de la naturaleza y de los bandidos. Las razones del viaje solían ser de dos tipos: el trabajo o las peregrinaciones. Los mercaderes se veían obligados a viajar para comprar o vender mercaderías, y los peregrinos tenían que hacerlo para llegar a los lugares sagrados. En la pintura esta difusión de los viajes no se traduce en un marcado interés por la representación de los paisajes, que aparece con Giotto, pero se desarrollará sobre todo en la pintura sienesa, para ocupar un puesto concreto y definitivo a partir del siglo XV.

♦ **LA OFRENDA DE LA CAPA**
Giotto, detalle, Asís, Basílica superior de San Francisco, 1290-1295. La colina de la izquierda, que desciende en escalones y está salpicada de arbolillos, culmina en una pequeña ciudad fortificada, un escarpado burgo típicamente italiano, mientras que la de la derecha, mucho más desnuda, está rematada por un edificio religioso. El escenario consigue ofrecer, de forma esquemática, una convincente ambientación paisajística.

♦ **MOSAICO DE ÁBSIDE**
Roma, Santa Pudenciana, 402-417. El mosaico, que representa a Jesucristo en gloria con los doce apóstoles, no transmite la idea de un paisaje propiamente dicho, pero posee un cierto realismo. Una vista arquitectónica situada detrás de la figura de Jesucristo entronizado, con los edificios un poco distantes y el rojizo cielo del ocaso, todo ello sin el menor respeto por las proporciones.

♦ **AMBROGIO LORENZETTI**
Los efectos del Buen Gobierno en la ciudad y en el campo, detalle, fresco, Siena, Palacio Público, 1338-1340. Una campiña cultivada, típica del paisaje de los alrededores de Siena.

7. LA VIDA DE GIOTTO ✦ *En 1287, Giotto se casa con una mujer llamada Ciuta, diminutivo de Ricevuta, la cual le dará ocho hijos, algunos de los cuales emprenderán la carrera de pintor, aunque sin igualar a su progenitor. En la época de Giotto, el hijo que sigue las huellas de su padre no tiene que pagar la cuota de inscripción en el gremio, motivo por el que a menudo el oficio se transmite de padres a hijos. Giotto, que pronto se hace rico, no se olvida del campo del Mugello del que procede, donde compra grandes fincas. Pero el éxito le obliga a desplazarse por Italia para trabajar por cuenta de los comitentes más importantes de la época. Las metas de sus trabajos son muy variadas. En el centro de Italia Asís y Roma, en el sur Nápoles, y en el norte Milán, Rímini, Ravena y Padua.* ➸✦

AMBROGIO ✦
LORENZETTI
Vista de ciudad, detalle,
Siena, Pinacoteca
Nazionale, *c.* 1340.
Se representan
localidades del estado
sienés: un burgo
medieval cercado por
las murallas y una
torre de vigía aislada a
la orilla del mar. La
pintura sienesa domina
la representación del
paisaje en la pintura.

✦ AMBROGIO
LORENZETTI
Los efectos del Buen Gobierno en la ciudad *y en el campo*, detalle. El fresco, que inaugura el género paisajístico, describe una zona de colinas con un llano cultivado a sus pies.

✦ EL MAESTRO
Un maestro
medieval como
Giotto es el jefe
de un taller con
muchos ayudantes
y alumnos.
Gracias a la
calidad de sus
obras, alcanza una
fama que se
extiende más allá
de los confines de
su tierra natal.
Por consiguiente,
tiene que viajar
con todo su taller
para a cumplir
los encargos
que le hacen.

UN DECORADO MEDIEVAL

Asís, una pequeña ciudad de la Italia central, se convierte en el siglo XIII en un importante centro de la cristiandad, por ser el lugar donde nació y murió san Francisco. En su honor se erige un edificio religioso de dos pisos. El dibujo de esta doble página nos permite ver la sección de las dos basílicas superpuestas de San Francisco en Asís, cuyas paredes enteramente decoradas ofrecen un bellísimo efecto cromático. La policromía del edificio no se limita a los frescos de las paredes, que escenifican las historias, sino que se extiende también a las bóvedas, las nervaduras de los cruceros y las bases de las pilastras, cubiertas de dibujos geométricos pintados con brillantes colores. Todo ello de acuerdo con un estricto programa establecido por los franciscanos. A través de las obras de los maestros alemanes y franceses, Cimabue, Giotto, Simone Martini y los pintores romanos, se desarrolla en Asís el proceso de renovación de la pintura.

✦ **SUPERPOSICIÓN**
El conjunto arquitectónico consta de una cripta y dos aulas superpuestas. La inferior, más baja y recogida, parece más apta para la meditación mientras que la superior, más airosa, está concebida para la predicación.

PINTURA MURAL ✦
Se empieza por arriba para no dañar las partes inferiores. Las superficies destinadas al trabajo de Giotto son blancas.

✦ **LA INVESTIDURA DE SAN MARTÍN**
Simone Martini, Asís, Basílica inferior de San Francisco, *c.* 1317.

✦ **VIDRIERA**
Para la realización de las primeras vidrieras, los franciscanos llamaron a maestros procedentes de Francia y Alemania, pues en Italia no había artistas destacados en ese campo. Las siguientes, en cambio, se encargaron a maestros italianos. A la izquierda, vidriera con *Historias de la vida de san Francisco*, Asís, Basílica superior.

✦ **RETRATO DEL SANTO**
Cimabue, detalle, Asís, Basílica inferior de San Francisco, 1278-1280.

✦ **LA CRIPTA**
La amplia arquitectura de la basílica se configuró en torno al sepulcro de san Francisco. Los restos del santo se colocaron en una cripta bajo el altar de la iglesia inferior. El acceso a la cripta estuvo tapiado hasta el siglo XVIII por temor a los robos sacrílegos.

♦ **CRUCIFIXIÓN**
Cimabue, detalle, Asís, Basílica superior de San Francisco, *c.* 1280. Colocado en el crucero izquierdo, este enorme fresco está muy mal conservado, pero no ha perdido la intensidad de los rostros deseada por Cimabue.

♦ **EL SACRIFICIO DE ISAAC**
Maestro de Isaac, Asís, Basílica superior. Varias generaciones de maestros y ayudantes anónimos trabajaron en Asís. Según muchos historiadores este fresco podría ser una obra juvenil de Giotto.

♦ **LA ARQUITECTURA**
En 1228, año de la canonización de Francisco, el papa Gregorio IX colocó la primera piedra del edificio, y ya en 1230 fue trasladado a aquel lugar el cuerpo del santo. La iglesia se terminó probablemente en 1280. El edificio representa el momento en que la arquitectura de la Italia central pasa de las formas románicas a una libre interpretación de las góticas, como se aprecia claramente en el esquema de la fachada todavía románica, combinada con otros elementos pertenecientes al lenguaje gótico: el pórtico ojival y los contrafuertes.

♦ **ENTRADA DE LA IGLESIA SUPERIOR**
La utilizaban las grandes multitudes de peregrinos que participaban en las solemnes celebraciones.

♦ **LOS FIELES**
Los que acudían a rezar ante el sepulcro del santo utilizaban la entrada de la iglesia inferior.

8. LA VIDA DE GIOTTO ♦ *Hacia 1290 Giotto llegó a Asís para narrar con sus frescos la vida de San Francisco. Es probable que el maestro florentino ya hubiera estado allí en compañía de Cimabue y hubiera tenido ocasión de entrar en contacto con las tendencias artísticas más recientes de aquel período. Según muchos estudiosos, antes de los episodios de la vida de san Francisco Giotto pintó algunas de las historias bíblicas de la parte superior. Sin embargo, el artista se revela plenamente en los frescos del ciclo franciscano, en los que narra, con un interés por la realidad terrenal completamente nuevo, las vicisitudes del pobrecito de Asís. Giotto vuelve a trabajar en la basílica de Asís en la segunda década del siglo XIV. A pesar de la inexistencia de documentos, muchos críticos coinciden en afirmar que, aunque se realizara con un numeroso ejército de ayudantes, el proyecto decorativo de la capilla de la Magdalena de la Basílica inferior es obra de Giotto.* ▱✦

LOS FRANCISCANOS

Fundada en 1209 por Francisco de Asís, la orden de los frailes menores aumenta en número y en importancia durante el siglo XIII. Los papas, máximas autoridades cristianas, favorecen su desarrollo para contrarrestar los movimientos heréticos, todavía muy difundidos por aquel entonces. El desarrollo de la orden franciscana se produce en medio de numerosas disputas y controversias entre dos bandos enfrentados de frailes. Los «espirituales» temen que la magnificencia de los edificios religiosos no sea compatible con el mensaje de pobreza de San Francisco. Los «conventuales», por el contrario, quieren demostrar a los fieles el poderío de la orden. El triunfo de estos últimos favorece la construcción de impresionantes basílicas dedicadas a san Francisco. La popularidad de san Francisco fue enorme ya desde los primeros años después de su muerte, y el relato de los episodios de su vida fue uno de los temas preferidos de la pintura italiana entre los siglos XIII y XIV.

SAN FRANCISCO ✦
Fresco, Subiaco, Sagrada Cueva, 1228. Realizada dos años después de la muerte del santo, es una de las imágenes más antiguas, una representación idealizada más que un retrato fiel, pues sabemos que Francisco era de baja estatura, y tenía un ojo desfigurado y un aspecto físico poco agraciado.

EL CAPÍTULO ✦ FRANCISCANO
La elección de un franciscano para la dignidad papal con el nombre de Nicolás IV en 1288 dio un fuerte impulso a las obras de decoración de la basílica de San Francisco en Asís. La asamblea de los franciscanos, llamada capítulo, confió el encargo de pintar la vida del santo a Giotto, después de largas discusiones entre los frailes, que impusieron al maestro la utilización de la biografía de san Francisco escrita por san Buenaventura. Dicha biografía era la única que la orden franciscana reconocía como auténtica. Todas las demás biografías escritas por los primeros discípulos del santo estaban prohibidas.

♦ SAN FRANCISCO
ENTRE DOS ÁNGELES
Maestro de San
Francisco, temple
sobre tabla, Asís,
Santa María de los
Ángeles, segunda
mitad del siglo XIII.
De autor anónimo,
la obra se pintó
sobre la tabla que
utilizaba Francisco
como catre. El santo,
con la inmóvil
mirada propia del
asceta, muestra los
cinco estigmas.

♦ SAN FRANCISCO
Y EPISODIOS
DE SU VIDA
Bonaventura
Berlinghieri, Pescia,
San Francisco, 1235.
El retablo muestra
por primera vez los
episodios más
destacados de la vida
del santo, y presenta
su figura en la postura
típica de un monje
oriental.

♦ SAN FRANCISCO
Nacido en 1182 en
Asís, el santo, por su
origen y cultura, era
mitad italiano y mitad
francés. Su madre,
natural de Provenza,
lo bautizó con el
nombre de Juan,
pero al regreso de
uno de sus viajes a
Francia, su padre,
el mercader Pietro
Bernardone, le dio
el sobrenombre de
Francesco, es decir,
«el francés».

♦ SAN FRANCISCO
HABLA A LOS PÁJAROS
Buenaventura
Berlinghieri. detalle.

Después de una
juventud disipada,
san Francisco renuncia
a las riquezas de
su familia, hace voto de
pobreza y se entrega
a la predicación de
la pobreza, la humildad
y la caridad. Funda la
orden mendicante de
los frailes menores,
aprobada por
Inocencio III.
A la vuelta de un
viaje fallido a Tierra
Santa, contrae una
enfermedad que
le deja ciego. En 1224
se retira al monte
del Alvernia, en la
comarca del Casentino,
donde recibe los
estigmas, es decir,
las mismas llagas que
dejaron los clavos de la
cruz en el cuerpo de
Jesucristo. Muere en
Asís en 1226.

♦ SAN FRANCISCO
RECIBE LOS ESTIGMAS
Buenaventura
Berlinghieri, detalle.

En el mercado

En el siglo XIII, sobre todo gracias a los escultores, la representación de la figura humana, de su cuerpo, sus gestos y sus expresiones, alcanza una nueva concreción. En el campo de la pintura Giotto es uno de los primeros artistas que tratan de diversificar las expresiones de los rostros de los personajes de las escenas. Es decir, con Giotto el rostro empieza a adquirir características de naturalidad y abandona los rasgos indefinidos y fijos (ojos rígidamente abiertos, formas rígidamente geométricas de la cabeza) propios de la pintura bizantina, donde los rostros carecían de edad y sentimientos y sólo se representaban de frente o de perfil. Ahora, en cambio, los gestos de los personajes pueden transmitir al espectador los sentimientos de los protagonistas de las historias. La renovación se extiende también a la indumentaria de los personajes, que ya no visten las anacrónicas togas y clámides romanas, sino que siguen la moda de la época.

♦ LA RENUNCIA A LOS BIENES PATERNOS
Giotto, detalle, Asís, Basílica superior de San Francisco, 1290-1295. La cólera que experimenta el padre de Francisco ante la renuncia de su hijo a los bienes de la familia se manifiesta en la vehemente y casi lívida expresión de su rostro, y en la fuerza del puño que aprieta el vestido. Si un amigo no lo hubiera sujetado, el personaje se habría abalanzado sobre su hijo. La serenidad de Francisco contrasta con la cólera de su padre.

♦ LA REALIDAD
Giotto introduce en la pintura aspectos de la realidad, gracias a su capacidad de observación de los gestos y las expresiones de la gente corriente que veía en los mercados.

♦ LA MODA
Giotto, *El homenaje de un hombre sencillo*, detalle, Asís, Basílica superior de San Francisco, 1290-1295. Los personajes visten prendas de la época. Aquí se aprecia una tendencia de la moda masculina de finales del siglo XIII. Francisco lleva una cofia blanca, de la cual sale el cabello peinado en «rodillo».

Giotto elige a sus modelos.

♦ Los rostros
La verificación de los estigmas, Giotto, detalle, Asís, Basílica superior de San Francisco, 1290-1295.
En Giotto los rostros empiezan a adquirir características muy similares a las del modelo y son auténticos retratos que transmiten sentimientos.

♦ El homenaje de un hombre sencillo
Giotto, detalle, Asís, Basílica superior de San Francisco, 1290-1295.
La ambientación en la que se desarrolla la escena presenta unos acusados rasgos de realismo. Aunque la fidelidad no sea fotográfica, al fondo se ve la plaza de Asís con el templo de Minerva y el Palacio Comunal.

EL FRESCO

El fresco es una técnica de pintura mural, también llamada pintura al fresco, cuyos orígenes se remontan a la Antigüedad. Es posible que las pinturas murales griegas se hicieran al fresco, como las de Pompeya, bien conocidas. Poco difundido en la era paleocristiana y a principios de la Edad Media, su uso se recupera sobre todo en Italia entre los siglos XIII y XIV.
El procedimiento consiste en aplicar los colores (tierras mezcladas con agua) sobre el estuco todavía húmedo, de manera que se sequen junto con el fondo. La técnica del fresco es muy difícil, pues hay que pintar siempre sobre el estuco tierno, por lo que la pintura se tiene que terminar el mismo día, antes de que se seque el estuco. Además, el pintor debe tener en cuenta que el color, una vez se ha secado junto con el estuco, aparecerá con una tonalidad distinta a la que tenía en el momento de la aplicación y, sobre todo, no puede permitirse el lujo de cometer errores, pues las posibilidades de corrección son limitadas, dado que el color, una vez mezclado con el estuco y secado con él, sólo se puede retocar en seco, pero no aplicarse de nuevo.

♦ **ALMAGRE DEL CEMENTERIO DE PISA**
Maestro del Triunfo de la Muerte. *El triunfo de la muerte*, detalle.

♦ **ALMAGRE**
El almagre tenía que desaparecer de la vista de los espectadores, cubierto por el fresco definitivo. En los últimos tiempos, al separar algunos frescos, se han descubierto muchos almagres que a menudo son los únicos dibujos que se conservan de grandes maestros, que no dibujaban sobre papel o pergamino.

♦ **ALMAGRE DEL CEMENTERIO DE PISA**
Maestro del Triunfo de la Muerte, *Juicio final*, detalle.

♦ **3. ALMAGRE**
Siguiendo el dibujo al carboncillo, se traza el dibujo definitivo con el pincel empapado en un color rojo oscuro llamado almagre, un mineral cuyo nombre procede del árabe *almagre*, arcilla roja.

2. APLICACIÓN DEL HILO ♦
Sobre el enlucido, con un cordel manchado de color, se traza un retículo que sirve de punto de referencia para el dibujo preparatorio al carboncillo.

1. EL REVOQUE ♦
Un albañil extiende sobre la pared una primera capa de revoque basto, compuesta de cal y arena gruesa.

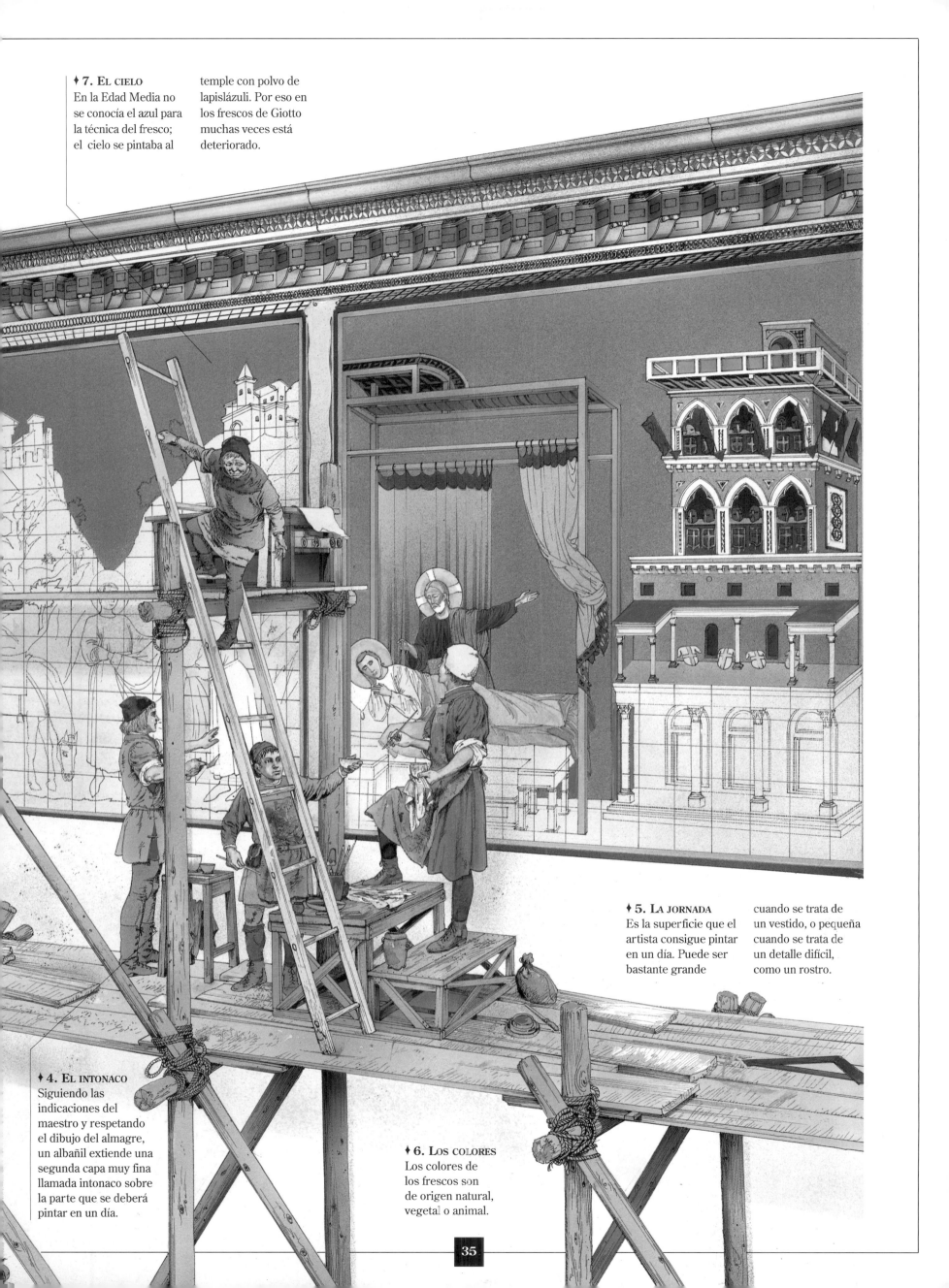

♦ 7. EL CIELO
En la Edad Media no se conocía el azul para la técnica del fresco; el cielo se pintaba al temple con polvo de lapislázuli. Por eso en los frescos de Giotto muchas veces está deteriorado.

♦ 5. LA JORNADA
Es la superficie que el artista consigue pintar en un día. Puede ser bastante grande cuando se trata de un vestido, o pequeña cuando se trata de un detalle difícil, como un rostro.

♦ 4. EL INTONACO
Siguiendo las indicaciones del maestro y respetando el dibujo del almagre, un albañil extiende una segunda capa muy fina llamada intonaco sobre la parte que se deberá pintar en un día.

♦ 6. LOS COLORES
Los colores de los frescos son de origen natural, vegetal o animal.

35

Las historias de san Francisco

La narración pictórica desarrollada a través de recuadros sucesivos es una forma de pintura muy utilizada en la Edad Media y que, en muchos sentidos, recuerda las historietas actuales. El ciclo de las historias de la vida de san Francisco está pintado al fresco en la iglesia superior de Asís, en la parte inferior de las paredes laterales y en la parte posterior de la fachada, a ambos lados del pórtico. Consta de 28 episodios dispuestos en grupos de tres por cada panel, excepto el primero, a partir de la entrada, en el que hay cuatro. Por detrás de la fachada, en cambio, hay un recuadro a la derecha y otro a la izquierda del pórtico de entrada. Los episodios están delimitados por unos marcos horizontales pintados y unas columnitas en espiral, también pintadas.
La secuencia de los episodios es la misma que figura en la Legenda Maior de san Buenaventura, escrita entre 1260 y 1263. Giotto pintó el ciclo entre los años 1290 y 1295. Y seguramente no lo pintó él solo, como se deduce de las distintas calidades de ejecución que no siempre alcanzan un alto nivel. El maestro florentino, con toda seguridad, realizó el proyecto y los dibujos preliminares, mientras que en la ejecución final debió de participar un nutrido grupo de colaboradores.

4. El milagro del crucifijo de San Damián
Un día Francisco, para concentrarse mejor, salió de la ciudad de Asís para meditar. Hallándose cerca de la ruinosa iglesia de San Damián experimentó el deseo de entrar a rezar. Mientras permanecía en oración delante de la imagen del Crucificado, oyó la voz de Dios que le decía: «Ve y restaura mi iglesia que, como puedes ver, está en ruinas.»

5. La renuncia a los bienes paternos
Francisco, para seguir la vocación religiosa, decidió abandonar a su familia y renunciar a un porvenir asegurado. Su padre, tratando de recuperarlo, le obligó a renunciar, en presencia del obispo, a todos los bienes y a todo lo que había recibido de la familia. Francisco devolvió sus ricas vestiduras en señal de rechazo de la herencia y el obispo, emocionado, le cubrió con su capa.

6. El sueño de Inocencio III
Cuando Francisco se trasladó a Roma para ver al papa Inocencio III y obtener de él la confirmación de su regla y el permiso de predicar, el papa tuvo un sueño que disipó todas sus dudas. En su sueño, vio tambalearse la basílica de San Juan de Letrán de Roma: sólo la intervención de un hombre humilde y modesto, que la sostenía con sus hombros, impedía que se derrumbara.

1. El homenaje de un hombre sencillo
Un hombre de Asís muy sencillo, pero inspirado por Dios, al cruzarse con Francisco por la calle, extendió su capa sobre el suelo para que el joven Francisco la pisara. El hombre afirmaba que el muchacho era digno de la mayor reverencia, pues muy pronto llevaría a cabo grandes hazañas, alabadas por todos los cristianos. La escena se desarrolla en la plaza de Asís, con el templo de Minerva al fondo.

2. La ofrenda de la capa
Un día, Francisco encontró a un caballero noble, pero pobre y mal vestido. Compadeciéndose de su miseria, se quitó la ropa para entregársela. Giotto ambientó el episodio en los alrededores de la ciudad, que se ve a la izquierda, y pintó en el rostro de Francisco una mirada llena de ternura y emoción, mientras que la del caballero está clavado en el semblante de su bienhechor.

3. El sueño del palacio con las armas
A la noche siguiente, mientras Francisco dormía, el Señor le mostró en sueños un maravilloso palacio lleno de armas con el signo de la cruz de Cristo, para anunciarle que su misericordia con el caballero pobre muy pronto sería recompensada con un gran don. En el fresco Francisco aparece durmiendo con la cabeza apoyada en la mano derecha.

7. La aprobación de la regla
El papa Inocencio III, que ya sentía un gran respeto y una gran veneración por Francisco, aprobó la regla y autorizó al fraile a predicar la penitencia. En esta escena, Francisco aparece por primera vez con barba y arrodillado en el momento de recibir la regla de manos del pontífice. A su espalda los frailes, que miran al papa, muestran el típico peinado de los franciscanos.

8. La visión del carro de fuego
Una noche en que Francisco se encontraba recogido en oración, mientras algunos frailes dormían y otros rezaban, un espléndido carro entró a través de la puerta, recorrió toda la casa y disipó las tinieblas. Los frailes que estaban despiertos se quedaron estupefactos, y los que dormían se despertaron aterrorizados. Pero todos comprendieron que la imagen era el espíritu de Dios, presente entre ellos.

9. La visión de los tronos
Una vez, un fraile que había entrado con Francisco en una iglesia abandonada para rezar, vio en éxtasis una serie de tronos en el cielo, uno de los cuales era mucho más suntuoso que los demás, estaba adornado con piedras preciosas y resplandecía de gloria. Asombrado, se preguntó a quién estaría destinado aquel trono. Una voz le contestó que estaba reservado al humilde Francisco.

10. Los demonios expulsados de Arezzo
Cuando Francisco llegó a Arezzo, la ciudad estaba devastada por la guerra civil. Desde los suburbios donde estaba alojado, el santo vio sobre la ciudad unos demonios exultantes que incitaban a los ciudadanos a destruirse entre sí. Pidió a fray Silvestre que se acercara a la puerta de la ciudad y ordenara a los demonios que se fueran. El fraile empezó a gritar, los demonios huyeron e inmediatamente se restableció la paz.

11. La prueba del fuego en presencia del sultán
En la época de las últimas cruzadas, Francisco se presentó ante el sultán de Egipto para tratar de convertirlo. Para demostrar el poder de la fe cristiana, desafió a los sacerdotes del sultán a someterse con él a la prueba del fuego, caminando entre las llamas. Al oír su propuesta, los sacerdotes se alejaron y rechazaron el desafío, ofreciendo a cambio gran cantidad de preciosos dones que Francisco rechazó.

12. El éxtasis de Francisco
Por la noche, Francisco se iba a rezar a lugares solitarios e iglesias abandonadas. Una vez los frailes lo vieron rezar fervorosamente con los brazos en cruz, completamente suspendido en el aire y envuelto en una nube luminosa.
En esta escena, Francisco aparece sobre una nube mientras, desde lo alto de la bóveda celeste, Jesucristo se inclina sobre él para bendecirlo.

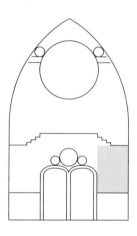

Posición del fresco de *El sermón a los pájaros* en la parte interior de la fachada de la Basílica superior de Asís.

15. El sermón a los pájaros
Después de recibir la orden divina de predicar por todo el mundo, Francisco se puso fervorosamente en camino y, dirigiéndose a Bovagna, un pueblo cercano a la ciudad de Perusa, llegó a un lugar donde se había reunido una ruidosa multitud de pájaros de todas las especies. Al verlo, los pájaros se acercaron a él, interrumpieron sus gorjeos y él les habló como se habla a los seres dotados de razón, exhortándolos a alabar a su Creador.

16. La muerte del caballero de Celano
Cuando Francisco estaba predicando en Celano, un caballero del lugar le invitó a comer en su casa. Intuyendo su inminente muerte, Francisco le rogó que se confesara. Después de confesarse y arreglar los asuntos de su casa, el caballero se preparó para acoger la muerte. Mientras los demás se sentaban alrededor de la mesa, el caballero expiró, durmiéndose en la gracia del Señor.

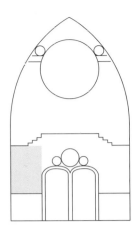

Posición del fresco
con *El milagro del
manantial* en la
parte interior de la
Basílica superior
de Asís.

13. La institución del belén de Greccio
Tres años antes de morir, para estimular el fervor
de los fieles, en una cueva cercana al pueblo de
Greccio, Francisco mandó preparar un belén en
recuerdo de la natividad de Cristo, colocando por
primera vez un pesebre, un buey y un asno de
verdad. Con este gesto Francisco instituyó la
tradición todavía vigente de hacer el belén
durante las fiestas de Navidad.

14. El milagro del manantial
Un día Francisco, que estaba enfermo, subió al
monte del Alvernia montado en el asno de un buen
hombre que lo seguía a pie. En un momento dado,
abrumado por el calor y el cansancio, el hombre se
puso a gritar: «¡Me muero de sed!» Entonces el santo
desmontó del asno, se arrodilló para rezar e hizo
brotar de la dura roca un manantial que antes no
existía y que más tarde jamás se volvió a encontrar.

17. El sermón en presencia de Honorio III
Cuando Francisco predicó en presencia del papa
Honorio III y de los cardenales, lo hizo con tal
eficacia y sentimiento que todos comprendieron
que sus palabras no eran fruto de doctos estudios,
sino de la inspiración divina. El fresco consigue
transmitir al espectador la profunda concentración
del papa y los prelados: sus rostros se caracterizan
por una expresión atenta y casi absorta.

18. La aparición en el capítulo de Arlés
Un día, mientras san Antonio de Padua estaba
predicando en la sala capitular de Arlés y comentaba la
inscripción de la cruz de Cristo («Jesús Nazareno, rey
de los judíos»), Francisco se apareció milagrosamente.
En este fresco, el santo está representado con un
tamaño superior al de los demás personajes, separado
del suelo y con los brazos levantados en actitud de
bendecir a los frailes presentes.

19. Los estigmas
Un día, después de rezar y ayunar mucho en el
monte del Alvernia, Francisco vio a Cristo bajo la
apariencia de un serafín con seis alas, que
imprimió en sus manos, sus pies y su costado los
signos que los clavos y la lanza habían dejado en su
cuerpo. Dios atendió de este modo el sincero
deseo de Francisco de parecerse a Cristo también
en el dolor de la Pasión, antes de morir.

20. LA MUERTE DE SAN FRANCISCO
Cuando Francisco murió y su alma se separó del cuerpo, uno de los frailes vio su alma volar al cielo envuelta en una nube blanca, como una estrella refulgente. El fresco muestra con gran intensidad el dolor de los frailes reunidos en torno al cuerpo sin vida de Francisco: uno llora, otro reza, otro se desespera, otro lo toca y otros intercambian comentarios.

21. LA APARICIÓN A FRAY AGUSTÍN
En un monasterio cercano a Nápoles, en el mismo instante en que Francisco expiraba, fray Agustín, que había perdido el uso de la palabra desde hacía mucho tiempo y estaba a punto de morir, gritó: «¡Espérame, padre, quiero ir contigo!» En aquel momento, en el oratorio de San Miguel del monte Gargano, el obispo de Asís vio a Francisco que le decía: «He aquí que dejo el mundo y subo al cielo.»

22. LA VERIFICACIÓN DE LOS ESTIGMAS
Conocida la noticia de la muerte de Francisco, todo el pueblo acudió para contemplar los sagrados estigmas. Muchos ciudadanos de Asís fueron autorizados a contemplarlos y besarlos. Entre ellos se encontraba un caballero llamado Jerónimo. Incrédulo como santo Tomás, quiso tocarlos con sus propias manos. Después de disipar sus dudas, creyó y se convirtió en un fiel testimonio de esta verdad.

26. LA CURACIÓN DEL HERIDO DE LÉRIDA
En la ciudad de Lérida un hombre llamado Juan había sido herido de muerte en una emboscada. Desahuciado por los médicos y abandonado incluso por su mujer, que temía contagiarse con la infección de sus heridas, el hombre invocó repetidamente a san Francisco. El santo se le apareció, le quitó las vendas con sus propias manos, aplicó dulcemente un ungüento a sus heridas y el hombre se curó por completo.

27. LA CONFESIÓN DE LA MUJER DE BENEVENTO
En Monte Murano, una localidad cercana a Benevento, san Francisco resucitó a una mujer para permitirle expiar un pecado que no había confesado en vida. En el fresco, Giotto pinta a un demonio que huye para dar paso a un ángel, signo inequívoco de la purificación de la mujer, quien de este modo puede descansar en gracia de Dios.

28. LA LIBERACIÓN DE PEDRO DE ASÍS
Un prisionero acusado de herejía y confiado al obispo de Tívoli había invocado el auxilio de san Francisco. Cuando se le apareció el santo, las cadenas de sus pies se rompieron y todas las puertas se abrieron milagrosamente. Sin embargo, sus gritos de estupor indujeron a los guardias a acudir corriendo, y éstos contaron lo sucedido al obispo. El prelado reconoció en el prodigio una señal del poder divino, se arrodilló y adoró al Señor.

23. EL LLANTO DE LAS CLARISAS
El cortejo fúnebre formado por una gran multitud se detuvo delante de San Damián, la iglesia de las clarisas, donde vivía santa Clara con sus vírgenes. De este modo Clara y sus compañeras pudieron abrazar por última vez el cuerpo de san Francisco, que había sido su padre espiritual. El fresco muestra el momento en el que la santa se inclina sobre el cuerpo de Francisco.

24. LA CANONIZACIÓN DEL SANTO
El 16 de julio de 1228 el papa Gregorio IX se dirigió a Asís y, en una solemnísima ceremonia en la que tomaron parte muchos religiosos, gran número de príncipes, barones y personas procedentes de todos los lugares del mundo, canonizó al beato Francisco y lo inscribió en el catálogo de los santos. El fresco, bastante dañado, ofrece un auténtico inventario de rostros.

25. LA APARICIÓN A GREGORIO IX
Antes de la canonización del «pobrecito» de Asís, el papa Gregorio tenía algunas dudas acerca de la llaga del costado de Francisco. El santo, para borrar las reticencias del papa, se le presentó en sueños diciéndole: «Dame un frasco vacío». El papa se lo dio, el frasco se llenó milagrosamente con la sangre del costado de Francisco y todas las dudas del papa se disiparon.

♦ **GIOTTO**
La muerte del caballero de Celano, detalle, Asís, Basílica superior de San Francisco.

Como acabamos de ver en el ciclo de san Francisco, cada episodio es independiente. Pero está claro que hay que contemplar los distintos episodios en cierto orden. Este orden se indica a través de la forma en que está representado san Francisco: de perfil o de frente, en posición vertical u horizontal, vivo o muerto, en la tierra o en el cielo, el santo se repite en veintiséis episodios y es fácil de identificar por la aureola y el hábito marrón. Sólo está ausente en los recuadros 21 y 24. En veintidós episodios Francisco aparece con la mirada y el ademán dirigidos hacia la derecha. Esta secuencia de izquierda a derecha se interrumpe en cuatro recuadros, donde el santo se orienta a la izquierda. En dos de ellos, en particular, el tema representado es el que determina la ruptura del orden. En los recuadros que representan *El sueño del palacio con las armas* (3) y *El sueño de Inocencio III* (6), nos hallamos ante algo que no es concretamente visible y pertenece al mundo de los sueños: la inversión de la secuencia de izquierda a derecha obedece por tanto a la necesidad de representar algo distinto de la realidad visible.

EL AÑO SANTO EN ROMA

En el año 1300 el papa Bonifacio VIII recupera una antigua fiesta hebrea llamada jubileo, y proclama el año santo, un período de trescientos sesenta y cinco días durante el cual la Iglesia ofrece el perdón de los pecados, es decir, concede indulgencias excepcionales a los peregrinos que visitan las cuatro basílicas mayores de Roma: San Pedro, San Juan de Letrán, Santa María la Mayor y San Pablo Extramuros. La ciudad se llena de visitantes procedentes de toda Europa. Pocos años después, en 1309, Roma perderá durante varias décadas el primado religioso, pues el papado se trasladará a Aviñón, en Francia. El año santo es, por consiguiente, una de las últimas ocasiones en que el papado podrá constituirse en promotor de importantes realizaciones artísticas. Giotto es llamado a trabajar en Roma, y de este modo puede profundizar en el conocimiento de los grandes maestros romanos que destacan especialmente en el uso del color. Las obras romanas de Giotto pertenecen a distintos períodos y se han perdido en su mayoría. Una reciente atribución, debida a una cuidadosa limpieza, de una *Virgen de la Minerva*, enriquece hoy en día la colección del maestro florentino.

♦ ÁNGEL
Giotto, Boville Ernica (Frosinone), San Pietro Ispano. El ángel es probablemente un fragmento del mosaico de la Navicela, ejecutado por Giotto. Es difícil saber qué posición ocupaba en el interior del mosaico. Puede que estuviera situado a un lado de la inscripción inferior.

♦ BONIFACIO VIII PROCLAMA EL JUBILEO
Giotto y ayudantes, Roma, San Juan de Letrán. Es el único fragmento que se conserva de un fresco que incluía también *El bautismo de Constantino* y *La edificación de la Iglesia lateranense*.

♦ LA NAVICELA
El mosaico que representa la barca de los apóstoles azotada por la repentina tempestad del lago Tiberíades estaba destinado a atraer las miradas de los peregrinos, que hasta entonces, cuando llegaban al atrio de la basílica, solían volverse de cara a Oriente, como para adorar al sol.

9. LA VIDA DE GIOTTO ♦ *La historiografía contemporánea está convencida de que, durante la permanencia en Asís para la realización de los frescos de las historias de san Francisco, Giotto efectuó un viaje de estudios a Roma, donde amplió su cultura artística con el conocimiento directo de la pintura clásica y de las obras pictóricas de Pietro Cavallini, al que algunos consideran su maestro romano. En cualquier caso, Giotto regresa con toda seguridad a Roma en el año 1300 para ejecutar el fresco de la logia lateranense, que representa al papa Bonifacio VIII proclamando el jubileo, y puede que también en 1310 para pintar la decoración del mosaico de la llamada Navicela en el pórtico cuádruple de la basílica de San Pedro. Además, hacia el año 1320 ejecutará para un comitente romano, el cardenal Stefaneschi, el llamado* Tríptico Stefaneschi, *uno de los ejemplos más significativos de la época de madurez del pintor.* ➡

♦ TRÍPTICO STEFANESCHI
Roma, Pinacoteca Vaticana, *c.* 1320. Encargado para el altar mayor de la basílica de San Pedro, el tríptico está pintado por ambos lados. Arriba, el lado expuesto a los fieles: en él aparecen Santiago y san Pablo, san Pedro entre santos y ángeles con el cardenal Jacopo Stefaneschi, y san Andrés con san Juan Evangelista.

♦ VIRGEN DE LA MINERVA

Giotto, Colección privada, 1297.

La biografía de un artista está sujeta a frecuentes revisiones, sobre todo como consecuencia de importantes descubrimientos. Hace muy poco, en 1993, el estudioso Filippo Todini atribuyó a Giotto una tabla llamada *Virgen de la Minerva*, pintada en Roma a finales de 1200, la cual permite precisar las estancias romanas del gran artista toscano. En efecto, la obra documenta la actividad de Giotto durante el pontificado de Bonifacio VIII, después de que pintara los frescos de Asís y antes de los Scrovegni.

Las figuras de la Virgen y el Niño se volvieron a pintar en el siglo XV, el fondo dorado se volvió a pintar en el siglo XVI y, en el XVII toda la tabla fue pintada de nuevo al óleo. La limpieza ha permitido recuperar el original pictórico en un excelente estado de conservación. La tabla, tal como recuerdan antiguas fuentes, se había realizado pa-

ra el altar de la capilla Altieri de la iglesia de Santa María sopra Minerva. A pesar de que presenta las características de espacio y volumen propias de Giotto, sigue con precisión el esquema bizantino, todavía muy en boga en el ambiente romano de finales del siglo XIII. (Abajo, detalle de la mano derecha del Niño.)

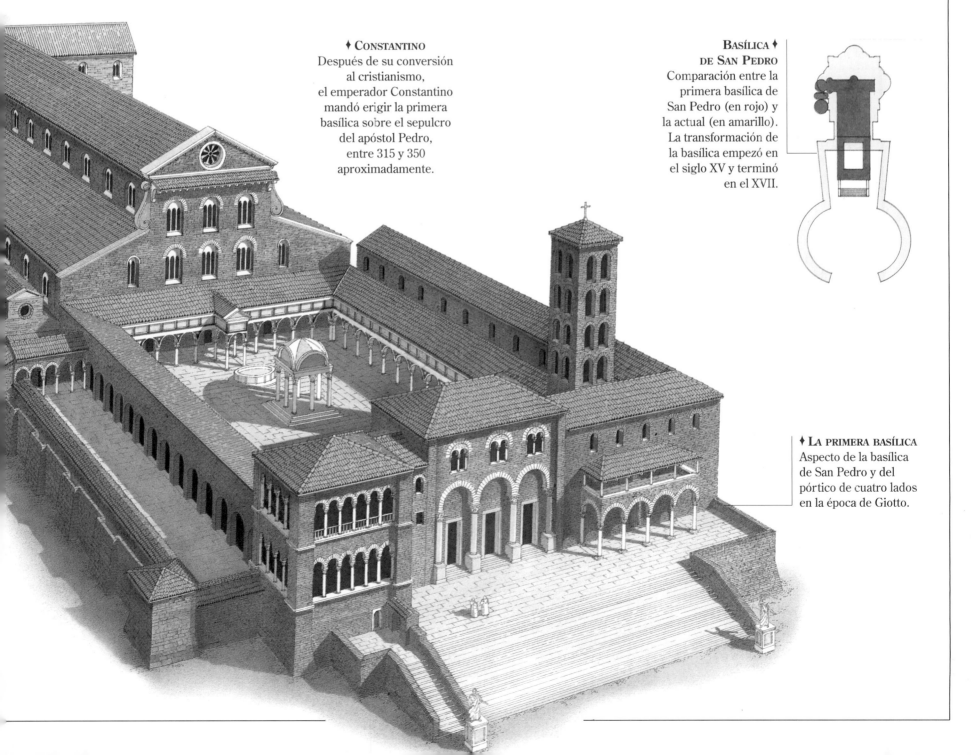

♦ CONSTANTINO

Después de su conversión al cristianismo, el emperador Constantino mandó erigir la primera basílica sobre el sepulcro del apóstol Pedro, entre 315 y 350 aproximadamente.

BASÍLICA ♦ DE SAN PEDRO

Comparación entre la primera basílica de San Pedro (en rojo) y la actual (en amarillo). La transformación de la basílica empezó en el siglo XV y terminó en el XVII.

♦ LA PRIMERA BASÍLICA

Aspecto de la basílica de San Pedro y del pórtico de cuatro lados en la época de Giotto.

LOS MOSAICOS ROMANOS

Si en Florencia los encargos a los artistas se reparten entre el obispo, las órdenes religiosas y las acaudaladas familias de banqueros y comerciantes, en Roma las actividades artísticas del siglo XIII están casi exclusivamente promovidas por el papa y la corte pontificia. El ambiente romano, al que todavía no ha llegado la renovación que ya se ha producido a Florencia, está más ligado a la tradición. Incluso en la elección de las técnicas decorativas y de los géneros, se advierte una evidente conexión con el pasado: predomina el mosaico mural propio del arte bizantino. En la segunda mitad del siglo XIII se establecen estrechas relaciones de trabajo entre los artistas florentinos y los romanos, lo cual da lugar a influencias recíprocas. La presencia de Cimabue (documentada en Roma en el año 1272) y de Arnolfo di Cambio (1276) suscita un nuevo interés por la representación de las figuras, las expresiones de los rostros y los gestos. Entre los maestros romanos destacan, además de Pietro Cavallini (el más célebre de todos), Jacopo Torriti y Filippo Rusuti, los cuales despertarán en los florentinos la afición por el color. Entre las grandes obras de la época, Cavallini termina un importante mosaico en el ábside de la iglesia de Santa María de Trastevere.

♦ 3. LA TÉCNICA MEDIEVAL
A partir del siglo XIII la preparación del mosaico sigue este procedimiento:
1. Las teselas no se fijan, sino que se aplican provisionalmente sobre un panel, utilizando unas colas solubles en agua.
2. Utilizando cola soluble se pega una tela gruesa al mosaico.
3. Se separa el mosaico de su soporte, enrollando la tela.
4. Se aplica la tela sobre el muro recién enlucido, procurando que las teselas penetren en el enlucido húmedo.
5. Se espera que se seque el enlucido.
6. Se retira la tela, mojándola.

♦ PIETRO CAVALLINI
Nació hacia 1250 y se cree que vivió casi cien años. Trabajó en las más importantes iglesias romanas y napolitanas, llamado por comitentes de alto rango como, por ejemplo, los reyes de Nápolesy destacados prelados de la corte pontificia. Entre las obras que se conservan, la más antigua, firmada por el autor, es el mosaico de Santa María de Trastevere, con historias de la vida de la Virgen. Poco después realizó los mosaicos de la iglesia de Santa Cecilia de Trastevere, descubiertos de nuevo en 1901, con el *Juicio final*. En 1304 trabaja en la catedral de Nápoles, junto con numerosos ayudantes. Es el artista que más contribuye a la renovación de la pintura romana, dando la espalda a la tradición bizantina para centrarse en la representación del espacio y el uso del color a imitación de la realidad.

♦ LA ANUNCIACIÓN
Pietro Cavallini, episodio de las *Historias de la vida de la Virgen*, Roma, Santa María de Trastevere, *c.* 1291. A pesar del esplendor del fondo dorado, las figuras adquieren un relieve volumétrico gracias a las delicadas y refinadas gradaciones de color.

♦ 5. LA SUPERVISIÓN
El maestro Pietro Cavallini controla desde arriba la realización del mosaico.

♦ SERAFÍN
Pietro Cavallini, *Juicio final*, detalle, Roma, Santa Cecilia de Trastevere, *c.* 1295. El rostro del serafín aparece entre una capa de alas, pintado con colores vivos y difuminados.

4. LOS MOSAÍSTAS
Los mosaístas colocan las teselas, siguiendo los contornos del dibujo trazado por el maestro.

♦ **MOSAICO**
Pietro Cavallini, ejemplos
de teselas, de *Historias
de la vida de la Virgen*,
detalle, Roma, Santa
María de Trastevere,
c. 1291.

MOSAICO ♦
Pietro Cavallini, ejemplos
de teselas, de *Historias
de la vida de la Virgen*,
detalle, Roma, Santa
María de Trastevere,
c. 1291.

1. EL MOSAICO ♦
El mosaico es una
imagen formada por
unos pequeños tacos
de madera pintada, o
unas teselas de piedra
o pasta de vidrio,
juntados con maestría.

7. LA APLICACIÓN ♦
Se desenrolla la
tela y se aplica,
comprimiéndola sobre
el enlucido de la pared
todavía húmedo.

♦ **2. LA TÉCNICA
ANTIGUA**
Los romanos y los
bizantinos solían
aplicar directamente
las teselas en la pared,
incrustándolas en el
enlucido todavía
húmedo,
especialmente
preparado para tal fin.
Con este
procedimiento se
realizaron en el siglo
XII los mosaicos del
ábside abovedado de
la iglesia de Santa
María de Trastevere
de Roma.

♦ **8. RETIRADA
DE LA TELA**
Los operarios retiran
cuidadosamente la tela,
dejando al descubierto
el mosaico.

♦ **9. LOS ÚLTIMOS
TOQUES**
El mosaico ya está
descubierto: se corrigen
las imperfecciones
y se realiza el marco,
directamente sobre
la pared.

♦ **6. LA TELA**
La tela con el
mosaico pegado
se iza a los
andamios.

EL JUICIO FINAL

Los frescos de Giotto en la capilla de los Scrovegni de Padua se realizaron por iniciativa de un acaudalado señor que temía el castigo divino contra su padre, acusado en vida de haber sido un usurero. Los pecados, el juicio divino y la expiación constituyen los temas centrales de la pintura de la baja Edad Media. Según la doctrina cristiana, al final de los tiempos Cristo vendrá por segunda vez a la tierra, los muertos resucitarán y tendrá lugar el Juicio Universal: todos los hombres serán juzgados por sus acciones, y enviados al cielo o al infierno. Después del año Mil, la Iglesia hace del Juicio un tema especial de predicación. El Juicio final se convierte también en el tema principal de la escultura tardorrománica francesa, representado sobre todo en los tímpanos de los pórticos. En Italia, en cambio, se suele representar preferentemente en la pintura (mosaicos o frescos) o esculpir en los púlpitos de las iglesias. La representación muestra, en la parte superior, la figura de Jesucristo juez (entronizado o sobre un arco iris), flanqueada por los apóstoles. En la parte inferior, los muertos resucitan de la tierra; en el centro, el arcángel san Miguel sostiene la balanza en la que se pesan las almas, mientras la Virgen intercede por los que van a ser juzgados.

♦ **Juicio final**
Autun, Catedral, primera mitad del siglo XII. El *Juicio* de Autun, colocado en el exterior, en el tímpano del

pórtico central, hace meditar al creyente de los acontecimientos que deberá afrontar en el más allá. La extrema deformación de la

escultura románica y su fantasía visionaria hacen todavía más aterradora la representación de los horrores que esperan al pecador.

10. La vida de Giotto ♦ *La decoración de la capilla de la Arena, la obra más importante de Giotto tanto por su complejidad como por el nivel de madurez artística que revela, fue un encargo de Enrico degli Scrovegni hacia el 1302-1303. Enrico degli Scrovegni era a la sazón el hombre más rico de Padua. Según un cronista paduano del siglo XVI, quiso construir una capilla privada dedicada a la Virgen, en expiación de los pecados de su padre Reginaldo, que era un famoso usurero y, al que, como tal, Dante sitúa en la Divina Comedia entre los condenados del infierno. El propio Giotto debía de ser sensible al tema de la usura, pues, en su calidad de rico y hábil hombre de negocios, también se había dedicado a prácticas cercanas a la usura, alquilando a precios desorbitados unos telares para el tejido de paños.* ➡

♦ **Coppo di Marcovaldo**
Infierno, detalle, Florencia, Baptisterio. La figura central del demonio, representado como un monstruo,

parece atraer hacia sí a todos los condenados, los cuales manifiestan su desesperación a través de sus posturas, expresiones y gestos.

♦ **Pietro Cavallini**
Juicio final, detalle, Roma, Santa Cecilia de Trastevere, *c.* 1295. A diferencia del *Juicio* de Torcello, aquí las franjas son

absolutamente horizontales. Las figuras, en lugar de formar una masa, están alineadas y producen una sensación de serenidad y equilibrio.

♦ **Juicio final**
Torcello, Catedral, comienzos del siglo XII. El mosaico constituye uno de los ejemplos más completos del Juicio Universal bizantino. Típicos de la iconografía bizantina

son, en efecto los temas de la deisis (el grupo trinitario formado por Cristo, la Virgen y san Juan Bautista, el Precursor), la hetimasia del trono (es decir, la representación

simbólica del trono sobre el que se sentará el Juez supremo) y el río de fuego que arrastra a los condenados hacia el infierno, unos elementos que ya no figuran ni en el arte románico en el gótico.

✦ GIOTTO
Juicio final, Padua, Capilla de los Scrovegni, 1302-1306. Los elementos de este fresco son típicos de los Juicios finales, pero aquí la colocación es nueva y distinta.

✦ LOS CONDENADOS
Giotto, *Juicio final*, detalle, Padua, Capilla de los Scrovegni, 1302-1306. En la representación del infierno se ilustran las penas que sufren los condenados, entre los que destaca la figura de Judas ahorcado.

✦ LOS ELEGIDOS
Giotto, *Juicio final*, detalle, Padua, Capilla de los Scrovegni, 1302-1306. Los elegidos, guiados por el arcángel san Miguel, se encaminan hacia el Paraíso.

✦ GIOTTO
Juicio final, detalle. En el Juicio Universal, cerca de los bienaventurados del Paraíso, Enrico degli Scrovegni, arrodillado delante de la Virgen, le ofrece el modelo del edificio que tendría que hacerle merecedor del reino de los Cielos. El tema del perdón, a través de un período de expiación en el purgatorio, es típicamente medieval.

✦ LA USURA
La cuestión de la usura ocupa un lugar central en el programa de la capilla. En la franja inferior, que sigue los lados más largos de la capilla con las alegorías de los Vicios y las Virtudes, no es la Avaricia, como de costumbre, sino la Envidia la que se contrapone a la Caridad, y la bolsa que sujeta (atributo de la Avaricia) se tiene que interpretar como envidia de las riquezas. Otra novedad (a la derecha) es la escena de los sacerdotes que le pagan a Judas para que traicione a Jesús, a quien se da en este ciclo una insólita importancia. El discípulo, que ha vendido a Jesús por codicia, sostiene también una bolsa en la mano. Éste es el único episodio, de entre todos los que figuran en las paredes de la capilla, en que aparece el demonio.

♦ **VISTA DESDE LA ENTRADA**
El arco triunfal con la *Anunciación.*

♦ **VISTA DESDE EL ALTAR**
La pared con el *Juicio final.*

♦ **LA EXPULSIÓN DE JOAQUÍN**
La historia comienza con la expulsión de Joaquín del templo.

Se le acusa de no haber conseguido engendrar un hijo (recuadro 1 de la capilla).

LA CAPILLA DE LOS SCROVEGNI

La capilla, de tamaño más bien reducido (unos 29 metros de largo por 8,5 de ancho y 13 de alto) es una construcción muy sencilla: un paralelepípedo de ladrillo rojo, cubierto por un tejado de dos vertientes. Sin embargo, su interior está revestido por el más célebre de los ciclos de frescos pintados por Giotto. En las paredes se narran, en tres franjas superpuestas, las historias de Joaquín y Ana (los padres de María), las de la Virgen y las de la vida de Cristo hasta Pentecostés. Pero también se representan los padres de Jesús, los reyes y miembros de la tribu israelita de Judá y los profetas en los medallones de la bóveda, además, naturalmente, del gran *Juicio final* que ocupa toda la pared de la entrada. En este ciclo Giotto exhibe su gran dominio del espacio y el color.

♦ **NATIVIDAD DE MARÍA**
Llega el momento esperado desde hace tantos años: en el mismo lugar donde recibió el

anuncio del ángel, Ana da a luz a María, la mujer que Dios ha destinado para ser la madre de Jesús (7).

En la franja superior se narran las historias de Joaquín y Ana (recuadros 1-6) y las de María, su hija (recuadros 7-12). En la pared frontal se representa la Anunciación (13-15) y, en las dos franjas inferiores, la historia de la vida de Cristo (16-39). Los dos pequeños coros (40-41) cierran en la pared del fondo la vida de Cristo. En la franja de abajo, sobre un zócalo de falso mármol, se representan las Virtudes (a la derecha) y los Vicios (a la izquierda).

♦ **LA HUIDA A EGIPTO**
Poco después del nacimiento de Jesús, la familia huye a Egipto. En efecto, turbado por

una profecía, el rey Herodes quiere matar al Niño y ha decretado la matanza de los inocentes (20).

♦ EL ANUNCIO A SANTA ANA
Pero un día, en casa de Joaquín, su mujer Ana recibe la visita de un ángel, portador de una buena noticia: la mujer tendrá la dicha de dar a luz un hijo (3).

♦ EL SUEÑO DE JOAQUÍN
Un ángel comunica también a Joaquín el inminente acontecimiento: éste recibe el anuncio en sueños durante su retiro de oración entre los pastores (5).

♦ LA PUERTA ÁUREA
Joaquín puede regresar finalmente a Jerusalén y reunirse con su esposa Ana ante de Puerta Áurea. La mujer lo recibe con gran afecto (6).

♦ PRESENTACIÓN DE MARÍA EN EL TEMPLO
La pequeña María es presentada a los sacerdotes del templo. Algunos años más tarde, su hijo Jesús tomará parte en el mismo rito (8).

♦ LOS DESPOSORIOS DE LA VIRGEN
María contrae matrimonio con el anciano carpintero José, el hombre de Nazaret que ha sido destinado a ser el esposo de la mujer elegida y padre putativo del Hijo de Dios (11).

♦ LA ANUNCIACIÓN A MARÍA
El arcángel Gabriel, enviado por Dios, anuncia a la Virgen el nacimiento de Jesús. El episodio está pintado a ambos lados del arco triunfal: a la izquierda el arcángel, y a la derecha la Virgen (13 y 15).

♦ EL PRENDIMIENTO
Treinta y tres años después, Jesús, traicionado por Judas, es prendido por los soldados. Judas abraza al Maestro y con un beso indica a los soldados que es el hombre a quien tienen que detener (31).

♦ LA CRUCIFIXIÓN
Sometido a juicio, Jesús es encontrado culpable y condenado a la crucifixión. Antes de morir, Jesús sufre durante muchas horas una dolorosa agonía (35).

♦ NOLI ME TANGERE
Tres días después de su muerte, acaecida en viernes, el cuerpo de Jesús abandona el sepulcro. Jesús ha resucitado y se sentará en el reino de los Cielos a la derecha del Padre (39).

LAS NOVEDADES DE GIOTTO

Otro rasgo característico de la pintura de Giotto es la humanización de lo divino y de lo trascendente. Es decir, Giotto lo representa todo el términos humanos y terrenales. En la pintura anterior, y especialmente en la bizantina, la Virgen se representaba como una severa reina de los Cielos, mientras que en la *Natividad de Cristo* de la capilla de los Scrovegni María aparece como una madre dulcísima que se dispone a abrazar tiernamente a su hijo. Sin embargo, la mirada de la Virgen no parece estar en consonancia con el dulce gesto de abrazar al Niño. Más bien es una mirada que expresa el conocimiento del dramático futuro al que está destinado su hijo.

♦ LOS ÁNGELES
Giotto, *Llanto sobre Cristo muerto*, detalle, Padua, Capilla de los Scrovegni, 1302-1306. Los ángeles parecen enloquecer de dolor: cual si fueran aves, se elevan en arco hacia arriba bien descienden en picado con las alas abiertas.

♦ LA PINTURA DE GIOTTO
La pintura de Giotto inaugura un naturalismo sin precedentes en la historia de la pintura medieval. La narración, como en el célebre *Llanto sobre Cristo muerto*, posee siempre un ritmo pausado y solemne; la tensión emotiva nace de la sutil diferenciación de los rostros, de las miradas, de las actitudes y también del ritmo de las líneas y de los colores, que contribuyen a centrar la atención sobre el contenido y el significado de la acción. Todos los esfuerzos de Giotto están encaminados a presentar la narración de manera eficaz y verosímil. Además de la atención por detalles aparentemente secundarios, lo que más contribuye a hacer verdadera y legible la narración es la extraordinaria capacidad de conferir a la pintura la sensación de profundidad de los volúmenes y de las relaciones espaciales.

♦ JOSÉ
Giotto, *Natividad de Cristo*, detalle, Padua, Capilla de los Scrovegni, 1302-1306. La figura de José, colocada en primer plano, sentado y sosteniéndose la cabeza con la mano, transmite una gran serenidad. Sus ojos están entornados, y parece que va a quedarse dormido de un momento a otro.

♦ NATIVIDAD DE CRISTO
Giotto, detalle, (arriba) y total (parte superior). Padua, Capilla de los Scrovegni, 1302-1306. El episodio, además del nacimiento de Cristo, representa, a la derecha, el anuncio a los pastores. Ambos temas narrativos conviven en perfecto equilibrio en el interior del recuadro, casi unidos por el grupo de ovejas y machos cabríos, tres de los cuales miran hacia el acontecimiento principal, mientras que uno mira hacia el anuncio.

El *Llanto sobre Cristo muerto* es una de las escenas más conmovedoras de toda la capilla de los Scrovegni. Los personajes, la Virgen, los apóstoles y los ángeles que rodean a Cristo recién bajado de la cruz participan del acontecimiento. La puesta en escena del drama se realiza de una forma muy equilibrada, y no hay nada que esté desordenado o que resulte exagerado. Los gestos de los protagonistas son comedidos, y sus gritos casi ahogados. Los personajes, más que desarrollar una acción, expresan un sentimiento, el del dolor interiorizado. El movimiento dramático, que culmina en los rostros de la Virgen y de Cristo, se consigue también a través de las masas, los colores y las líneas.

✦ **De espaldas**
Giotto, *Llanto sobre Cristo muerto*, detalle, Padua, Capilla de los Scrovegni, 1302-1306. Típicas de Giotto son las figuras vistas de espalda, que definen el espacio con sus poderosos volúmenes esenciales. Reproduciendo en la pintura nuestra posición de espectadores, nos invitan también a identificarnos con ellas y a tomar parte en el acontecimiento representado.

✦ **Giotto**
Pequeños coros (Capilla secreta), Padua, Capilla de los Scrovegni, 1302-1306. Sobre el arco triunfal de la capilla, en la franja inferior, Giotto ha simulado dos pequeñas estancias con bóveda de crucería y ventanas góticas. Es el primer ejemplo de uso de la perspectiva espacial. El dominio de la representación del espacio por parte de Giotto se aprecia sobre todo en algunos detalles. como, por ejemplo, el zócalo de falso mármol y las dos falsas hornacinas de la pared del arco triunfal, auténticas ilusiones ópticas. Esta forma de ilusión está reservada exclusivamente a los elementos que simulan formar parte del espacio real de la capilla, creando de este modo dos maneras distintas de ficción: el espacio real y el simbólico de las historias sagradas.

✦ **El equilibrio**
Llanto sobre Cristo muerto, Padua, Capilla de los Scrovegni, 1302-1306. La progresión de las masas, desde la rocosa cuesta hasta la figura inclinada de san Juan, y desde esta última hasta la mujer arrodillada y a las dos figuras que flanquean a Cristo; o la progresión desde el amarillo del manto de la mujer situada en primer plano hasta los brillantes colores de los ángeles, son los principales rasgos que contribuyen a crear el efecto de equilibrio.

✦ **Cristo y la Virgen**
Llanto sobre Cristo muerto, detalle, Padua, Capilla de los Scrovegni, 1302-1306. Las dos cabezas son la culminación dramática de la escena. Para centrar la atención del observador, Giotto no sólo hace converger en ellas las miradas de todos los protagonistas, sino también las líneas oblicuas de la cuesta rocosa que corta la escena y las líneas verticales de los personajes situados de pie a la izquierda.

Del taller florentino siguen saliendo numerosas e importantes obras que Giotto envía a Pisa, Padua y Bolonia. Entre 1315 y 1325 se realizan los frescos de las capillas Bardi y Peruzzi de la iglesia de la Santa Cruz. Sin embargo, muchas de las obras firmadas por Giotto no han sido pintadas por él, pues los encargos a gran escala implican la participación de numerosos ayudantes. En este sentido Giotto se puede considerar el primer pintor empresario, a quien corresponde sobre todo la idea y la dirección de la obra, más que su realización propiamente dicha.

El eco de la valía de Giotto se ha propagado por doquier, y los principales señores de la época desean tener obras suyas. En sus últimos años, Giotto viaja constantemente por toda la península italiana. Sin embargo, a pesar de sus muchos viajes, Florencia siempre será la ciudad que represente la continuidad de su actividad, en la que un floreciente taller constantemente lleno de alumnos está en condiciones de llevar a cabo los trabajos, incluso en su ausencia. La producción florentina se concentra en los frescos de la Santa Cruz, donde Giotto pinta cuatro capillas.

Hoy, sin embargo, sólo se conservan los de la capilla Peruzzi, con las *Historias de San Juan Bautista y San Juan Evangelista* (realizados entre 1315 y 1320) y los de la capilla Bardi, con la *Vida de san Francisco* (*c*. 1325). Ambas se encuentran situadas en el crucero y su nombre corresponde a los de los comitentes, unos conocidos banqueros florentinos.

EN LA SANTA CRUZ

Los frescos de las capillas Bardi y Peruzzi de la iglesia florentina de la Santa Cruz denotan el desarrollo del afán de Giotto por ofrecer una representación coherente y convincente del espacio. No sólo la luz que baña las figuras y los elementos arquitectónicos como si penetrara a través de las ventanas, sino también el punto de vista desde el que se representan las arquitecturas, guardan relación con la posición de un observador situado en el umbral de la capilla. El efecto del conjunto es el de un espacio monumental surgido, no del conocimiento de la perspectiva lineal, cuyas leyes sólo se llevarán a la práctica en el siglo XV, sino de un nuevo interés por la realidad.

♦ **AMBIENTACIONES**
En los frescos de la capilla Bardi de la iglesia de la Santa Cruz (hacia 1325) titulados *La renuncia a los bienes paternos* (arriba, conjunto) y *La confirmación de la Regla* (arriba a la derecha, detalle), Giotto aborda dos temas ya pintados en los frescos de Asís.

En estas obras florentinas, la ambientación es más esencial y eficaz. La arista cortante de la arquitectura en el primero de los dos frescos centra eficazmente la atención en la figura del santo, uniendo los dos grupos contrapuestos de los personajes.

♦ **LA RENUNCIA A LOS BIENES PATERNOS**
Giotto, fresco, detalle, Asís, Basílica superior de San Francisco, 1290-1295.

RESURRECCIÓN ♦ DE DRUSIANA
Giotto, fresco, Santa Cruz, Capilla Peruzzi, 1315-1320. Por primera vez, con un efecto de visión natural, Giotto no limita la arquitectura a la superficie pictórica que tiene a su disposición. En efecto, la arquitectura no está condicionada por el marco, sino que parece prolongarse más allá del mismo.

♦ LA VERIFICACIÓN DE LOS ESTIGMAS
Giotto, fresco, Florencia, Santa Cruz, Capilla Bardi, 1315-1320. La escena sintetiza los episodios del tránsito de san Francisco y la verificación de los estigmas, que Giotto ya había representado por separado en Asís. El episodio, en el que la arquitectura se reduce a un decorado esencial, es uno de los más conmovedores jamás pintados por el maestro florentino.

LOS ♦ «FRAILECILLOS»
Giotto, *La verificación de los estigmas*, detalle, fresco, Florencia, Santa Cruz, Capilla Bardi, 1315-1320. Las figuras de los «frailecillos» manifiestan su dolor sin forzar los gestos o las expresiones, y muestran un afecto y una ternura que jamás hasta entonces se habían representado en una obra pictórica.

11. LA VIDA DE GIOTTO ♦ *A pesar de que en la Edad Media el artista era considerado a menudo un simple artesano, con Giotto la situación del artista en la sociedad empieza a cambiar. La obra de Giotto es tan apreciada que en Nápoles, estando al servicio de Roberto de Anjou, el rey lo nombra* familiaris *suyo, es decir, miembro de su familia, y dos años después le asigna una pensión. Entre 1328 y 1333 Giotto trabaja en la corte napolitana con seis colaboradores. Por desgracia, de su obra de aquellos años no queda casi nada: un fragmento de fresco con un* Llanto sobre Cristo muerto *(Nápoles, Santa Clara, Claustro de las monjas), otro fresco muy dañado con la* Multiplicación de los panes y los peces *(Santa Clara, Sala Capitular), y algunas cabezas de* Santos y Hombres Ilustres *de la capilla de Santa Bárbara de Castelnuovo. Además de su taller florentino, Giotto tenía otro en Nápoles con numerosos colaboradores.* ⇒

GIOTTO ARQUITECTO

Hacia 1330 el programa de expansión y transformación de Florencia, iniciado algo más de medio siglo antes, ya está prácticamente a punto de terminar. Bajo la dirección de Arnolfo di Cambio, arquitecto y escultor, se han terminado las nuevas murallas, el Palacio de los Priores y el Palacio Viejo, y se han abierto nuevas calles y plazas. Queda por completar la nueva catedral de Santa Maria del Fiore. El proyecto, iniciado por Arnolfo en 1296, contempla la sustitución de la vieja catedral románica de Santa Reparata, que se ha quedado pequeña, por un templo de tamaño adecuado al poderío de la ciudad y al incremento de su población. Los trabajos empiezan rápidamente por la fachada y, en 1334, la dirección de la obra se encomienda a Giotto, la personalidad artística más destacada del momento. En los tres años que faltan para su muerte, Giotto proyecta el Campanario e inicia su construcción, que se prolonga hasta 1357.

♦ **HISTORIA DE SANTA MARIA DEL FIORE**
1. Baptisterio (siglos VII-XI); 2. Catedral de Santa Reparata (siglos V-IX); 3. Proyecto de ampliación de Arnolfo di Cambio (1296); 4. Proyecto definitivo iniciado por Francesco Talenti (1335) y terminado en 1471; 5. Campanario de Giotto (1334-1357)

♦ **LONJA**
En 1337, año de la muerte de Giotto, comenzó la construcción de la lonja de Orsanmichele, que se utilizaba como mercado de trigo. Con la construcción de dos pisos superiores, la lonja se convirtió en el granero de la República de Florencia.

♦ **LA PLAZA**
En 1296 se derriba el pórtico de Santa Reparata para hacer una plaza.

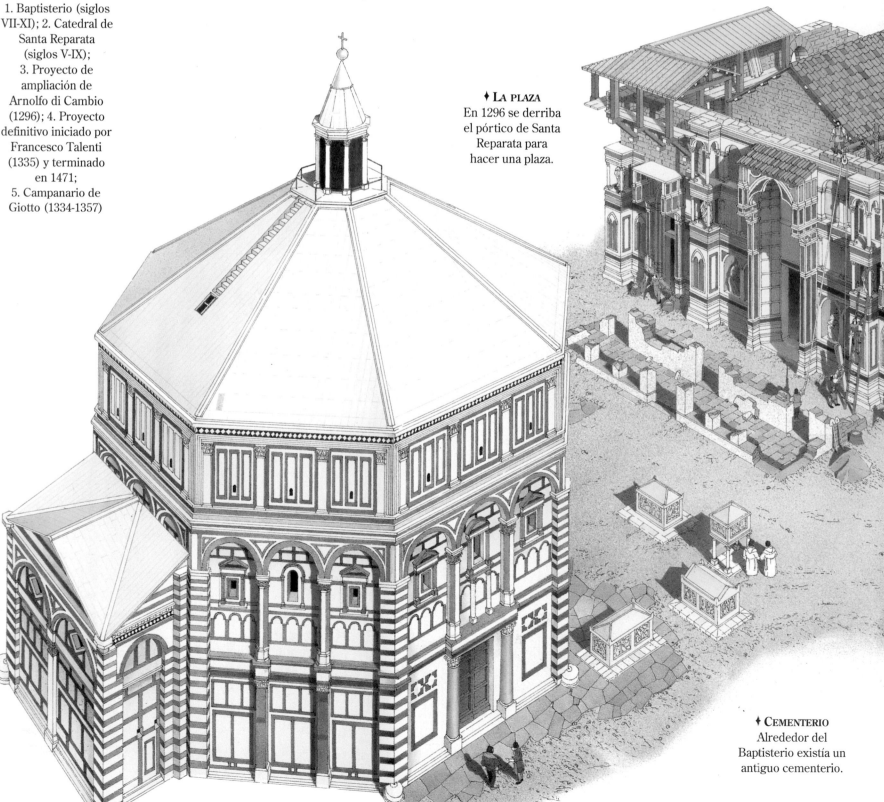

♦ **CEMENTERIO**
Alrededor del Baptisterio existía un antiguo cementerio.

♦ **La transición**
La vieja catedral de Santa Reparata tenía un origen muy antiguo: se remontaba al siglo V, pero había sido reconstruida en el IX.

Acortada varios metros, se mantuvo en pie setenta años más, en espera de que terminara la construcción de la nueva catedral de Santa Maria del Fiore.

♦ **Santa Maria del Fiore**
Perímetro de la catedral nueva, empezada por Arnolfo en 1926.

♦ **El campanario** ♦
En el proyecto inicial de Giotto el campanario estaba rematado por un alto chapitel, suprimido en el proyecto final de Francesco Talenti.

Medidas ♦
El campanario mide en su base 15 metros de lado, con muros de 3,60 metros de grosor. La altura actual es de 84,60 metros.

Ornamentaciones ♦
Andrea Pisano y ayudantes, *Arte de la construcción*, Florencia, Museo dell'Opera del

Duomo, antes de 1342. Andrea realizó, en varias etapas, 21 bajorrelieves para la base inferior del campanario.

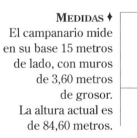

12. La vida de Giotto ♦ *De regreso a Florencia, en 1334, Giotto es nombrado maestro albañil de la Obra de Santa Reparata (actualmente Santa Maria del Fiore, catedral de Florencia) y supervisa las primeras fases de la construcción del campanario que recibe su nombre. Entre 1334 y 1336 viaja a Milán, llamado por Azzone Visconti, señor de la ciudad. Todas las obras realizadas durante su estancia milanesa se han perdido, pero el paso del maestro resulta evidente en la influencia sobre la obra de los pintores lombardos. Como siempre, Giotto deja su huella dondequiera que va, revolucionando las escuelas pictóricas locales con sus innovaciones. Lo mismo ha ocurrido en Umbría, la región de Asís, en Rímini, Padua, Roma, Nápoles y, lógicamente, en la propia Toscana, donde a pesar de sus variadas trayectorias personales, los artistas han sabido apreciar y aprovechar las novedades de Giotto. Giotto muere a los setenta años el 8 de enero de 1337, y es enterrado en la catedral con todos los honores oficiales.*

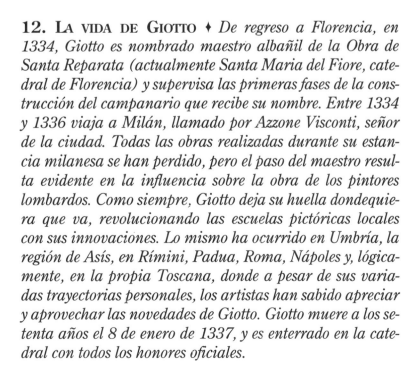

ESCUELA Y HERENCIA

◆ **TADDEO GADDI**
(1300-1366)
Taddeo permaneció
veinticuatro años en
el taller de Giotto,
probablemente desde
el 1313 hasta la
muerte del maestro;
en 1347 se le
recuerda como
uno de los mejores
pintores de Florencia.

◆ **AGNOLO GADDI**
(1350-1396)
Hijo de Taddeo,
trabajó con otros
artistas florentinos en
las ornamentaciones
del Palacio Vaticano
de Roma, que no se
han conservado.

◆ **MASO DI BANCO**
(Sólo se conoce la
fecha de su muerte,
1347). Empezó a
trabajar en el taller de
Giotto cuando el
maestro pintaba en la
capilla Bardi de la
Santa Cruz de
Florencia.
Probablemente Maso
acompañó a Giotto a
Nápoles, donde al
parecer que colaboró
en los frescos
perdidos de
Castelnuovo.

◆ **BERNARDO DADDI**
(c. 1280-1348)
Bernardo dirigió un
próspero taller, en el
que se realizaron
unas tablas para
la iglesia de Santa
María Novella,
para la Catedral y
para el Palacio Viejo.
La bien merecida
fama de este pintor
se debe a su fidelidad
a los dictámenes
de Giotto, con la
adición de gran
variedad de
detalles realistas.

◆ **GIOVANNI DA
MILANO**
(Documentado entre
1346 y 1369)
Se formó en Milán,
donde trabajó Giotto,
y obtuvo la
ciudadanía florentina
en 1366.
En Florencia, a
pesar de su cercanía
a la escuela de
Giotto, está abierto
a novedades muy
distintas de las de
los pintores locales.

Muchos grandes artistas de todos los tiempos, como
Leonardo, Miguel Angel, Rembrandt o Goya, no crearon
una escuela propiamente dicha. No fue así en el caso de
Giotto. Su pintura determinó las tendencias artísticas de
varias generaciones, e influyó directamente en algunos
de los más importantes pintores de la época, que fueron
alumnos suyos. A la muerte de Giotto la situación
pictórica era muy distinta de la que existía cuando daba
sus primeros pasos: sus obras favorecieron la transición
de la cultura figurativa italiana desde el mundo medieval
bizantino hacia el gótico, para acabar desembocando en
el Renacimiento. El arte de Giotto escribe, por tanto, uno
de los más importantes capítulos de la historia del arte:
el de la pintura italiana del siglo XIV.

◆ **TADDEO GADDI**
Adoración de los pastores,
fresco, Florencia, Santa
Cruz, Capilla Baroncelli,
1332-1338.

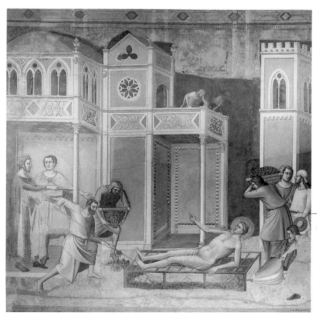

◆ **BERNARDO DADDI**
*Martirio
de san Lorenzo*,
fresco, Florencia,
Capilla Pulci,
c. 1300. El fresco
representa la
dramática escena
del martirio, con
detalles como los
hombres que
colocan el carbón
debajo de la parrilla
del santo, y el
hombre que
atiza el fuego.

◆ **MASO DI BANCO**
*San Silvestre
resucita a dos magos*,
fresco, Florencia,
Santa Cruz,
Capilla Bardi
di Vernio.
c. 1340-1345.
En los frescos de la
Santa Cruz, Maso
introduce elementos
innovadores en el
lenguaje de su
maestro.

AGNOLO GADDI ♦
La invención de la Santa Cruz, fresco, Florencia, Santa Cruz, 1380-1385. En estos frescos el artista da vía libre a su capacidad narrativa: en una estructura típica de Giotto inserta detalles realistas y anecdóticos, como el fraile del fondo que contempla el paso del agua bajo el puente, y elementos paisajísticos de claro corte gótico.

GIOVANNI ♦
DA MILANO
Natividad de la Virgen, detalle, fresco, Florencia, Santa Cruz, Capilla Rinuccini, 1365. Las superficies se representan con gran variedad de colores muy luminosos.

♦ **ALUMNOS DE GIOTTO EN LA SANTA CRUZ**
La iglesia franciscana de la Santa Cruz, en la que Giotto había creado sus últimas obras maestras, es el lugar donde trabajan casi todos los alumnos florentinos del maestro. Taddeo Gaddi, entre 1332 y 1338, pinta al fresco la capilla Baroncelli con las *Historias de la Virgen*; Bernardo Daddi, después de 1330, empieza a decorar la capilla Pulci con episodios de las vidas de los santos Lorenzo y Esteban; Maso di Banco trabaja a partir de 1340 en la capilla Bardi di Vernio, pintando historias de san Silvestre; Agnolo Gaddi, último heredero del taller de Giotto, entre 1380 y 1385 pinta unos frescos con historias de anacoretas en la capilla Castellani, y la *Leyenda de la vera cruz* en el coro.

Arriba, fachada de la iglesia de la Santa Cruz de Florencia; abajo, vista de la Capilla Baroncelli.

GIOVANNI ♦
DA MILANO
Cristo en casa del fariseo, detalle, fresco, Florencia, Santa Cruz, Capilla Rinuccini, 1365.

LA PINTURA DE SIENA

♦ **DUCCIO DI BONINSEGNA**
(Siena, *c.* 1260-1318-19)
Las primeras noticias que
tenemos de él se refieren
a un pago para las
ornamentaciones
pictóricas ejecutadas
en 1278 por encargo de
la comuna de Siena.
Nada se sabe acerca de
la primera formación del
pintor, aparte de que en
1285 recibió el encargo
de realizar la *Virgen
Rucellai* para la iglesia
de Santa Maria Novella
de Florencia.
Los historiadores
artísticos, comparando
dicha obra con algunas
pinturas de tema análogo
de Cimabue, han
descubierto muchos
puntos en común entre
ambos, y han llegado a
plantear la hipótesis de
que el pintor fue alumno
del maestro florentino.

Pero Duccio,
considerado el creador
de la escuela sienesa,
va más allá de las
enseñanzas de
Cimabue, y también
recibe influencias de las
corrientes góticas del
otro lado de los Alpes. Si
Cimabue supera el arte
bizantino a través de la
consolidación de los
volúmenes y el interés
por las expresiones de
los personajes, Duccio
lo hace acentuando las
líneas y los colores.
Entre sus obras, además
de la *Virgen Rucellai* y
la *Majestad*, cabe
recordar la *Virgen
de los Franciscanos*.

Con Duccio di Boninsegna, considerado el iniciador
de la cultura figurativa sienesa, la pintura de Siena
abandona los modelos de la cultura bizantina. Duccio
representa el momento más significativo de la
renovación del arte sienés: actuando en sentido paralelo
al de la trayectoria de Giotto, de quien recibe cierta
influencia, protagoniza una búsqueda pictórica abierta
a las influencias del gótico. La lección de Duccio
constituye el paso más importante hacia el desarrollo
y la independencia de la pintura sienesa con respecto
a otros centros toscanos. Con Simone Martini, además
de los hermanos Lorenzetti y sus respectivas escuelas,
Siena se convierte en el segundo gran polo cultural y
figurativo de la Italia de la primera mitad del siglo XIV,
después de Florencia.

♦ **MAJESTAD**
Duccio di Boninsegna,
temple sobre tabla,
Siena, Museo
dell'Opera del Duomo,
1311. Encargada en
1308, en 1311 fue
llevada en una solemne
procesión, en la que
participó todo el
pueblo de Siena, hasta
el altar mayor de la
catedral. La *Majestad*
está pintada por ambas
caras. Por delante
aparece la Virgen
entronizada, rodeada
de ángeles y santos
sobre un fondo dorado;
por detrás se
representa la Pasión
de Cristo en catorce
recuadros. En esta
obra se incorporan las
innovaciones
volumétricas aportadas
por Giotto, pero no así
las espaciales, como
denota la escasa
profundidad del trono,
abierto como un libro.
Duccio, menos atento
a la poesía de los
sentimientos, lo
resuelve todo por
la vía del color.

♦ **PASIÓN DE CRISTO**
Duccio di
Boninsegna, temple
sobre tabla, Siena,
Museo dell'Opera
del Duomo, 1311.
Son dos de las
catorce escenas
dedicadas a la
Pasión de Cristo
que Duccio pintó
en la parte posterior
de la *Majestad*.

♦ **SIMONE MARTINI**
(Siena 1284-Aviñón 1344)
Fue alumno de Duccio di Boninsegna, y su primera obra es la *Majestad* del Palacio Público de Siena (1315), inspirada en la cultura gótica francesa. Simone mantuvo estrechos contactos con la corte angevina de Nápoles, que en 1317 le concede el título de caballero, y para la cual realiza el retablo de San Luis de Tolosa coronando al rey Roberto. Más tarde trabaja en Asís, donde realiza los frescos de la capilla de San Martín de la Basílica inferior de San Francisco (1320-1330). De vuelta a Siena en 1328, realiza el fresco de *Guidoriccio da Fogliano*. En 1336 se encuentra de nuevo en Aviñón, Francia, donde realiza unos frescos de los que apenas se conserva nada, permaneciendo allí hasta su muerte. La característica más destacada de su producción es el color, capaz de definir espacios y crear atmósferas. Sus obras poseen un carácter de fábula.

♦ **MAJESTAD**
Simone Martini, Siena, Palacio Público, 1315. En 1315 Simone pinta la gran *Majestad*, un fresco que ya no tiene un fondo dorado sino un delicado dosel de tela, sostenido por unas varas finas; y no presenta una arquitectura marmórea que aísla a la Virgen, sino un asiento labrado semejante a los que ocupaban las damas y los caballeros que asistían a los torneos. La Virgen, en el centro, gira elegantemente la cabeza hacia la figura que le rinde homenaje.

♦ **ANUNCIACIÓN**
Simone Martini y Lippo Memmi, detalle, temple sobre tabla, Florencia, Uffizi, 1333.

GUIDORICCIO ♦
DA FOGLIANO
Simone Martini, fresco, Siena, Palacio Público, Sala del Mapamundi, 1330. El fresco representa a Guidoriccio da Fogliano, el capitán victorioso, entre dos castillos conquistados. La figura del condotiero, pintada con vivos colores, destaca sobre el fondo desolado del paisaje, cuyas ondulaciones siguen las del cuerpo de la cabalgadura, acompañando su cadencioso movimiento. A la derecha se representa un campamento con dos viñas en su interior.

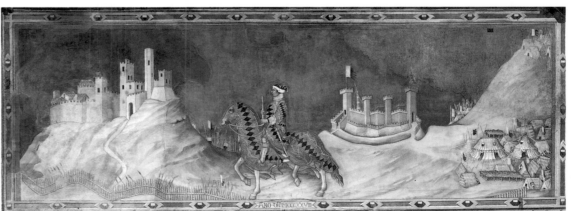

LA EDAD DE ORO DE SIENA

♦ AMBROGIO
LORENZETTI
Nacido en 1290, es
junto con su hermano
mayor Pietro uno de
los grandes maestros
de la pintura sienesa
del siglo XIV. Entre
el segundo y el
quinto decenio
de este siglo, está
documentada su
presencia en Siena,
pero el pintor pasa
también breves
períodos en
Florencia.
Precisamente sus
contactos con los
pintores de la escuela
florentina son los que
más influyen en la
primera fase de su
actividad, dominada
por su interés por el
estudio del espacio y
los volúmenes,
un interés que no
decaerá jamás, ni
siquiera cuando su
pintura dedicará
mayor atención al uso
de los colores y a
la descripción
del carácter de los
personajes. Sus obras
parecen brotar de un
especial sentimiento
de júbilo, fruto de la
incorporación de los
detalles de la vida
cotidiana y de una
cierta afición por los
adornos. Ambrogio,
como su hermano
Pietro, murió en 1348
a causa de la peste
negra que devastó
Siena y Florencia.

♦ ALEGORÍA DEL
MAL GOBIERNO
Detalle, Siena,
Palacio Público.

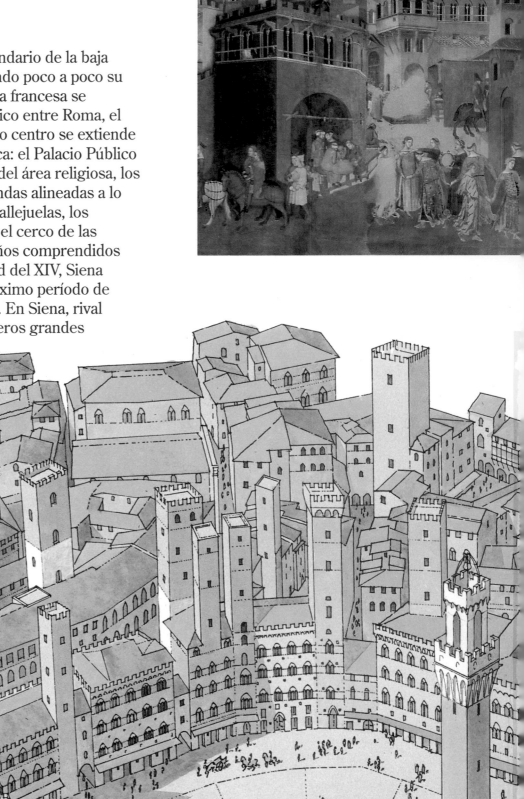

Desde su condición de centro secundario de la baja Edad Media, la ciudad va aumentando poco a poco su importancia a medida que la calzada francesa se convierte en el eje principal del tráfico entre Roma, el norte de Italia y Francia. El pequeño centro se extiende y define su configuración urbanística: el Palacio Público y el área del poder civil, separados del área religiosa, los altos edificios de viviendas y las tiendas alineadas a lo largo de las estrechas y tortuosas callejuelas, los grandes conventos en las afueras y el cerco de las murallas. En los cerca de setenta años comprendidos entre el siglo XIII y la primera mitad del XIV, Siena –hasta la peste de 1348– vive su máximo período de esplendor económico y urbanístico. En Siena, rival de Florencia, se producen los primeros grandes ejemplos de pintura de contenido civil, gracias sobre todo a la obra de Ambrogio Lorenzetti.

♦ LOS EFECTOS DEL BUEN GOBIERNO

Ambrogio Lorenzetti, fresco, Siena, Palacio Público, 1338-1340. El fresco pertenece a un ciclo cuyo título completo es *Efectos del Buen y del Mal Gobierno en la* *ciudad y en el campo*. Comenzado en el año 1338, es probable que terminara de pintar el ciclo en 1340. Las figuras alegóricas del Buen y el Mal Gobierno están enfrentadas a sus efectos, representados por una forma narrativa que describe la vida en el campo y en la ciudad. La narración es muy precisa y detallada e ilustra, en los *Efectos del Buen Gobierno*, la industriosa actividad de la vida cotidiana y, en los *Efectos del Mal Gobierno*, la ciudad dominada por la corrupción y los campos abandonados. Todo ello basado en la realidad de Siena y su campiña: los edificios del interior de las murallas donde se desarrollan las escenas recuerdan a los de Siena, de la misma forma que el campo, con las suaves colinas cultivadas, parece copiado del que rodea la ciudad.

♦ EFECTOS DEL MAL GOBIERNO
Detalle del fresco del Palacio Público.

♦ EFECTOS DEL MAL GOBIERNO
Detalle del fresco del Palacio Público.

♦ PLAZA DEL CAMPO

El perímetro está rodeado de hermosos edificios, desde los cuales la plaza desciende hacia el Palacio Público, con las dos alas laterales ligeramente oblicuas. La grandiosa plaza del Campo posee un aspecto acusadamente escenográfico, y su forma parece recordar la del manto de la Virgen: la devoción a la Virgen María es una constante de Siena, que se enorgullece de su título de ciudad de la Virgen.

◆ SÍNTESIS CRONOLÓGICA

◆ DÓNDE PODEMOS VER SUS OBRAS

(La especificación «atr.» se refiere a obras atribuidas a Giotto sin que la hipótesis esté universalmente aceptada)

1267
En Colle di Vespignano, en el campo del Mugello, no lejos de Florencia, nace Giotto, diminutivo de Angelo, Angelotto o Biagio. Su padre Bondone cultiva la tierra y cría ovejas.

1280
Probablemente alrededor de esta fecha Giotto es enviado al taller de Cimabue, el más conocido e importante de Florencia, y empieza su aprendizaje de pintor. Junto con Cimabue, Giotto viaja mucho y, cuando el maestro es llamado a Asís por los frailes de la basílica de San Francisco, él lo acompaña. Los franciscanos han encargado a Cimabue la decoración de la iglesia y Giotto, con otros alumnos del taller, participa en los trabajos.

1287
Giotto contrae matrimonio con Ciuta, diminutivo de Ricevuta. Su mujer le dará ocho hijos, algunos de los cuales seguirán sus pasos, aunque sin conseguir igualar su grandeza.

1290
En Asís, Giotto inicia los frescos de los episodios de la vida de san Francisco en las paredes de la Basílica superior. Con la ayuda de sus colaboradores, a los que ha encomendado la ejecución de los proyectos y los dibujos preliminares, llevará a cabo su tarea en cinco años.

1300
En el año del jubileo Giotto se encuentra en Roma. Es muy probable que la ciudad de los papas fuera la meta de algún viaje anterior, ya en la época de su estancia en Asís, impulsado por el deseo de conocer de cerca la pintura clásica y las obras de Pietro Cavallini, considerado por algunos estudiosos el maestro romano del artista. Sin embargo, esta vez llega llamado por Bonifacio VIII para realizar el fresco de la logia lateranense, donde el pontífice quiere aparecer representado en el acto de proclamar el jubileo.

1302
Giotto se encuentra en Padua, donde realiza los frescos de la llamada Basílica del Santo (Antonio de Padua) y para la capilla de los Scrovegni. Este último trabajo, que le ha encargado el rico mercader Enrico degli Scrovegni para expiar las culpas de su padre el usurero Reginaldo, lo mantendrá ocupado hasta el 1306.

1310
Según algunos historiadores del arte, precisamente alrededor de esta fecha Giotto realizó el mosaico de la Navicela, que se encontraba en el atrio de la primera basílica de San Pedro, derribada para construir la actual. Esta hipótesis, sin embargo, es un tanto discutible, pues lo más probable es que la datación de la obra tenga que retrasarse una decena de años.

1315
Al parecer es el año en que Giotto inicia los trabajos para la decoración al fresco de las capillas Bardi y Peruzzi de la iglesia de la Santa Cruz de Florencia.

1328
Llamado por el rey Roberto de Anjou, Giotto viaja a Nápoles. De las numerosas obras que allí realizó, sólo nos quedan algunos fragmentos.

1334
En virtud de un decreto oficial, Giotto es nombrado arquitecto de las murallas de la ciudad y maestro albañil de la Obra de Santa Reparata, es decir, de la catedral de Florencia. El 18 de julio echa los cimientos del Campanario de la catedral que él mismo ha diseñado, aunque al final no se construirá según sus proyectos. Algún tiempo después es llamado a Milán por Azzone Visconti, señor de la ciudad. No se conserva ninguna obra de su estancia milanesa, pero de su paso por la ciudad queda el testimonio de la influencia ejercida por su estilo en los pintores de la región.

1337
El 8 de enero Giotto muere en Florencia, donde es enterrado con grandes honores en Santa Reparata.

FRANCIA

CHAALIS
Musée Jaquemart-André: *San Juan evangelista*, temple sobre tabla, 81 x 55 cm [atr.]; *San Lorenzo*, temple sobre tabla, 81 x 55 cm [atr.]
PARÍS
Louvre: *Los estigmas de San Francisco*, temple sobre tabla, 314 x 162 cm (procedente de la iglesia de San Francisco de Pisa); *Crucifijo*, temple sobre tabla, 277 x 225 [atr.]
ESTRASBURGO
Musées Municipaux: *Crucifixión*, temple sobre tabla, 39 x 26 cm [atr.]

ALEMANIA

BERLÍN
Staatliche Museen, Gemaeldegalerie: *Crucifixión*, temple sobre tabla, 58 x 33 cm; *Dormitio Virginis*, temple sobre tabla, 75 x 178 cm
MUNICH
Alte Pinakothek: *Ultima Cena*, temple sobre tabla, 42,5 x 43 cm; *Crucifixión*, temple sobre tabla, 45 x 43,5; *Descenso al limbo*, temple sobre tabla, 45 x 44 cm

GRAN BRETAÑA

LONDRES
Col. particular: *Redentor en ademán de bendecir*, temple sobre tabla, 81 x 86 cm [atr.]
OXFORD
Ashmolean Museum: *Virgen con el Niño*, temple sobre tabla, 33 x 24 cm [atr.]

ITALIA

ASÍS
Basílica inferior de San Francisco: *Historias de San Nicolás* e *Historias de Lázaro y de la Magdalena*, frescos [atr.]; *Seis historias de la infancia de Cristo*, frescos; *San Francisco presenta un esqueleto*, fresco; *Cristo en ademán de bendecir*, fresco; *Alegorías franciscanas*, fresco.
Basílica superior de San Francisco: *Bóveda de los doctores*, frescos, [atr.]; *Historias de la vida de San Francisco*, frescos Col. Herederos Fiumi: *San Pedro y San Pablo*, fresco separado Pinacoteca Comunale: *Majestad cívica*, fresco separado, 350 x 160 [atr.]
BOLONIA
Pinacoteca Nazionale: *Políptico de Bolonia*, temple sobre tabla, 91 x 340 cm
BORGO SAN LORENZO (FLORENCIA)
Pieve: *Virgen*, temple sobre tabla, 81,5 x 41 cm
BOVILLE ERNICA (FROSINONE)
San Pedro Ispano: *Angel*, mosaico, diámetro 65 cm
FLORENCIA
Colección Berenson (Villa I Tatti, Settignano): *San Antonio*, temple sobre tabla, 54 x 39 cm [atr.]; *Descendimiento*, temple sobre tabla, 44,5 x 43 cm [atr.]
Museo del Bargello: *Juicio final, Historias de la Magdalena y San Juan Bautista*, frescos, [atr.]
Museo Horne: *San Esteban*, temple sobre tabla, 84 x 54 cm [atr.]
Museo dell'Opera del Duomo: *Virgen con el Niño* (anverso), *Anunciación* (reverso), temple sobre tabla, 94 x 42 [atr.]
Museo dell'Opera di Santa Croce: *Virgen dolorosa*, fresco separado, 64 x 45 cm [atr.]
San Felice in piazza: *Crucifijo*, temple sobre tabla, 343 x 432 cm [atr.]
Santa Cruz, Capilla Peruzzi: *Historias de San Juan Bautista* e *Historias de San Juan Evangelista*, temples sobre pared; *Políptico Baroncelli*, temple sobre tabla, 185 x 323; Capilla Bardi: *Historias franciscanas*, frescos
Santa Maria Novella: *Crucifijo*, temple sobre tabla, 578 x 406 cm
Uffizi: *Virgen entronizada con el Niño*, temple sobre tabla, 180 x 90 cm; *Virgen en majestad*, temple sobre tabla, 325 x 204 cm; *Políptico de la Abadía*, temple sobre tabla, 90 x 340 cm (procedente de la iglesia de la Abadía de Florencia)
PADUA
Basílica del Santo, Sala Capitular: *Estigmas de San Francisco, Martirio de los franciscanos en Ceuta, Crucifixión, Cabezas de profetas*, fragmentos de frescos
Capilla de los Scrovegni: *Historias de Joaquín, Historias de la Virgen, Historias de Cristo, Juicio final, Alegorías de los Vicios y de las Virtudes*, frescos
Museo Civico: *Crucifijo*, temple sobre tabla, 223 x 164 cm
RÍMINI
San Francisco (Templo Malatestiano): *Crucifijo*, temple sobre tabla, 430 x 303 cm
ROMA
Museo Petriano: *Angel*, mosaico, 65 cm diámetro
Pinacoteca Vaticana: *Políptico Stefaneschi*, temple sobre tabla, 220 x 245 cm
San Juan de Letrán: *Bonifacio VIII proclama el jubileo*, fresco, 110 x 110 cm
Santa María la Mayor: *Dios Omnipotente en gesto de bendecir, Bustos de profetas y Cordero Místico*, en el interior de escudos, fragmentos de frescos [atr.]

ESTADOS UNIDOS

BOSTON
Gardner Museum: *Presentación de Jesús en el templo*, temple sobre tabla [atr.]
NUEVA YORK
Col. Wildenstein: *Virgen entronizada con el Niño*, temple sobre tabla, 34,5 x 25,5 cm [atr.]
RALEIGH (CAROLINA DEL NORTE)
Museum of Art: *Políptico Peruzzi*, temple sobre tabla, 667 x 217 cm [atr.]
SAN DIEGO (CALIFORNIA)
Fine Arts Gallery: *Dios Omnipotente con ángeles*, tabla en cúspide
WASHINGTON
National Gallery of Art: *Virgen con el Niño*, temple sobre tabla, 85,5 x 62 cm [atr.]

HUNGRÍA

BUDAPEST
Szepmuvesvezeti Muzeum: *Figura alegórica de mujer*, fragmento de fresco, 27 x 15,5 cm [atr.]

♦ ÍNDICE DE LAS OBRAS

(Las obras reproducidas en su totalidad van seguidas de la letra T; aquellas de las que se reproduce un detalle van seguidas de la letra D)

◆ ÍNDICE ALFABÉTICO

◆ CRÉDITOS

Las ilustraciones contenidas en este volumen, inéditas y originales, se han realizado por indicación y bajo la supervisión de DoGi s.r.l. que es el titular del copyright.
Los autores de las ilustraciones son: Sergio (4-5; 14-15; 16-17; 18-19; 20-21; 26-27; 30-31; 32-33; 34-35; 44-45); Andrea Ricciardi (12-13; 15; 22; 28-29;42-43; 54-55); Claudia Saraceni (12; 23; 42; 54).
Giuseppe Arrighi ((60-61); Alessandro Bartolozzi (8-9; 13); Roberto Lari (28); Francesco Lo Bello (6).
ARCHIVIO DoGi (ANTONIO QUATTRONE): 102; 103; 112.
ARCHIVIO DoGi (MARIO QUATTRONE): 18; 23; 26; 27; 28; 29; 30; 32; 34; 36; 37; 38; 39; 40; 41; 42; 43; 44; 45; 46; 47; 48; 49; 50; 51; 52; 53; 54; 55; 56; 57; 58; 59; 60; 61; 62; 63; 64; 65; 66; 68; 69; 70; 71; 72; 73; 74; 75; 76; 77; 78; 79; 80; 81; 82; 83; 84; 85;86;

87; 88; 89; 90; 91; 92; 94; 95; 103; las fotografías de la página 9 con la basílica de San Francisco de Asís y la catedral de Orvieto; página 23 con la fachada de la iglesia de Santa María Novella de Florencia; página 36 con el interior de la Basílica superior de San Francisco de Asís; página 48 con la capilla de los Scrovegni de Padua vista desde la pared de la entrada y desde el altar; página 57 con la fachada de la iglesia de la Santa Cruz de Florencia y con la Capilla Baroncelli.
ARCHIVIO ELECTA, MILÁN: 1; 2; 6; 17; 19-20; 107 y las fotografías de las páginas 8-9 con las catedrales de Burgos, Exeter, Edimburgo, Amiens, París, Bamberg y Bonn.
ARCHIVIO FRANCO COSIMO PANINI, MÓDENA: 14; 31; 100; 104; 108; 116.
BIBLIOTECA CAPITOLARE, MÓDENA: 2.
BIBLIOTECA NAZIONALE, FLORENCIA: 15.
BIBLIOTHÈQUE NATIONALE, PARÍS: 16.

FOTOARCHIVIO TODINI: 67.
GALLERIA NAZIONALE DELL'UMBRIA: 109.
PHOTO SCALA, FLORENCIA: 3; 5; 8; 9; 10; 11; 12; 13; 19; 21; 24; 25; 35; 93; 96; 97; 98; 99; 105; 106; 110 y la fotografía de la página 7 con el interior de la iglesia de San Apolinar en Classe de Ravena.
CUBIERTA: Fotografías Archivio DoGi (Mario Quattrone); ilustración de Sergio
PORTADA: Sergio
SEGUNDA CUBIERTA: Sergio
DoGi s.r.l. ha tratado por todos los medios de localizar los posibles derechos de terceros. Por las posibles omisiones o los posibles errores pide disculpas de antemano y tendrá mucho gusto en introducir las debidas correcciones en las sucesivas ediciones de esta obra.